ISBN 978-3-649-64990-8
© 2025 Coppenrath Verlag GmbH & Co. KG,
Hafenweg 30, 48155 Münster, Germany
Texte: © 2025 bei Hans Kruppa
Illustrationen & Covergestaltung: Nora Paehl
Textsatz & grafische Gestaltung: Beate Kahramanlar,
TRYXZ 3D-Design
Redaktion: Kai König

Alle Rechte vorbehalten. Die Nutzung des Werkes für das Text- und Data-Mining nach § 44 b UrhG ist dem Verlag ausdrücklich vorbehalten und daher verboten.

Printed in Latvia

www.coppenrath.de

Hans Kruppa

DIE MAGIE des Lächelns

Gedichte, Geschichten & Gedanken

COPPENRATH

Inhalt

Die Sprache des Lächelns – Gedanken ... 9
Die Sprache des Lächelns ... 11
Vom Versprechen ... 12
Nichts ist wichtiger ... 12
Was Liebe geben kann ... 13
Mehr als möglich ... 13
Aufwind des Vertrauens ... 14
Halbherzigkeit ... 15
Eine Chance ... 15
Gute Nähe ... 16
Wer liebt ... 16

Die erste Begegnung ... 17

Mit anderen Augen – Gedichte ... 29
Mit anderen Augen ... 31
Geh deinen Weg ... 32
Die Dinge akzeptieren ... 33
Freiheit ... 34
Den Strick durchtrennen ... 35
Seelengewinn ... 36
Der Honig des Lebens ... 37
Leichtigkeit ... 38

Der Weg zur Glückseligkeit – Weisheitsgeschichten ... 39
Der Weg zur Glückseligkeit ... 41
Ihr magischer Song ... 43
Die unsichtbare Mauer ... 46
Gegenseitige Unabhängigkeit ... 48

Der Argwohn und die Gelassenheit	50
Der Glückliche kennt keinen Neid	52

Die Schönheit des Wünschens – Gedanken 53
Die Schönheit des Wünschens 55
Herzensintelligenz 56
Das absichtslose Nichtstun 56
Der Glaube daran 57
Die Kraft des Wünschens 57
Jeder Tag ist ein Unikat 58
Dreisatz 58
Nicht mit Kraft 59
So wertvoll 60
Wunsch und Wille 60

Der Wunschkristall 61

Nutze deine Zeit – Gedichte 105
Nutze deine Zeit 107
Was du nicht suchen kannst 108
Freudensaat 109
Suche die Stille 110
Nimm den guten Augenblick wahr 111
Tagesvorsätze 112
Erfahrungen 113
Tausende von Leben 114

Sterne am Himmel – Geschichten 115
Sterne am Himmel 117
Nicht im Angebot 119
Der Reiche und der Bettler 120

Der Materialismus und der Idealismus	122
Zwei Seiten derselben Münze	126
Finns Traum	128
Die leisesten Worte – Gedanken	131
Die leisesten Worte	133
Blickunterschiede	134
Einfach du selbst	134
Dein Kurs	135
Der Gelassene	136
Härten und Weichen	136
Gratwanderung	137
Im Einklang	137
Nimm dein Leben persönlich	138
Nicht genug	138
Ein Tauschhandel	139
Bis es mir klar wurde – Gedichte	147
Bis es mir klar wurde	149
Freundlichkeit	150
Nur das	151
Geschenke	152
Wenn ich du wäre	153
Für die Seele	154
Fünf Wünsche	155
Der Autor	**156**

Die Sprache des Lächelns

Gedanken

Die Sprache des Lächelns

Es ist gut,
wenn du an jedem Tag
einen Grund zu lächeln hast.

Es ist noch besser,
wenn du an jedem Tag
auch einem anderen Menschen
einen Grund zu lächeln schenkst.

Am besten ist es,
wenn du erkennst,
daß das Lächeln
eine der schönsten Sprachen ist,
in der sich Menschen
miteinander verständigen können –
und du diese Sprache zu lieben lernst.

Vom Versprechen

Im Leben
und vor allem
in der Liebe
sollte man immer
ein bißchen weniger versprechen,
als man halten kann.

Nicht zuletzt,
um für positive Überraschungen
sorgen zu können.

Nichts ist wichtiger

Nichts ist wichtiger,
nichts ist richtiger
als die Liebe.

Nichts fehlt mehr
auf dieser Welt als sie.
Und nichts wird so sehr
unterschätzt wie sie.

Was Liebe geben kann

Gib der Liebe alles,
was sie braucht:
Vertrauen, Mut, Hoffnung,
Offenheit und Hingabe –
denn sie kann dir mehr geben,
als du brauchst:

eine Wirklichkeit,
die kein Traum übertreffen kann.

Mehr als möglich

Liebe ist,
wenn zwei
sich einander
mehr zu geben haben,
als sie sich
jemals geben können.

Aufwind des Vertrauens

Wer mit der Liebe fliegen will,
darf keine Angst
vor dem Abstürzen haben.

Je größer diese Angst wird,
desto größer wird ihre Berechtigung,
denn Angst lähmt die Flügel der Liebe.
Sie braucht den Aufwind des Vertrauens.

Halbherzigkeit

Bei dem Versuch,
die Liebe
halbherzig zu umarmen,
umarmst du nur
deine Halbherzigkeit.

Eine Chance

Das rätselhafte
Herz eines Menschen:
Versuche, es zu verstehen –
und du wirst scheitern.
Versuche, es zu lieben –
und du hast eine Chance,
es zu verstehen.

Gute Nähe

Ohne eine gute Nähe
zu deiner eigenen Seele
wirst du nie
eine gute Nähe
zu der Seele eines
anderen Menschen finden.

Wer liebt

Wer liebt,
kann sich einfühlen.
Wer sich einfühlt,
kann mitfühlen.
Wer mitfühlt,
kann anderen
keinen Schaden zufügen,
denn er würde ihn
als seinen eigenen empfinden.

Die erste Begegnung

Samo wußte nicht, wohin seine Reise ihn führen würde – nur, daß er sie unbedingt antreten mußte. Der erste Mensch, dem er auf seinem Weg begegnete, war ein älterer Mann mit einem langen weißen Vollbart, der auf einer Steinmauer im Schatten eines Olivenbaums vor einem zur Hälfte neu gestrichenen Haus saß. Erschöpft von der stundenlangen Wanderung bat Samo ihn, sich für eine Weile zu ihm gesellen zu dürfen. Der Mann warf ihm einen forschenden Blick zu und nickte dann zustimmend.

„Wohin führt dich dein Weg?"

„Ich weiß es nicht."

Der Mann wirkte ungläubig. „Du hast kein Ziel?"

„Doch, aber es ist kein Ort."

„Was ist es dann?"

„Die Menschen, die meinen Weg kreuzen."

„Wie meinst du das?"

„Ich möchte die Herzen und Seelen dieser Menschen erreichen, um sie spüren zu lassen, was ich erkannt habe."

„Und was ist das?"

„Daß es die Liebe ist, die alles Leben erschafft und wachsen läßt. Daß es das höchste Ziel des Lebens ist, die Quelle der Liebe in sich zu entdecken und ihre Kraft und Schönheit mit anderen Menschen zu teilen. Nur so kann eine bessere, friedliche Welt entstehen."

Der Mann zog die Stirn in Falten und sah Samo mit zusammengekniffenen Augen an, als wüßte er nicht, was er von ihm halten solle.

„Als ich meine Frau vor fünfundzwanzig Jahren geheiratet habe", sagte er schließlich, „liebte ich sie aus ganzem Herzen. Doch mit jedem Jahr unserer Ehe ging etwas von meiner Liebe verloren, als würde die Zeit sich Stück für Stück von ihr abschneiden wie von einem Kuchen. Ich habe mich an diesen unaufhaltsam wachsenden Verlust gewöhnt. Ich schätze und achte meine Frau nach wie vor hoch, denn sie ist ein guter Mensch. Doch manchmal frage ich mich, ob ich sie noch liebe."

„Was willst du mir damit sagen?"

„Daß die Liebe eine unzuverlässige, treulose Kraft ist. Wir empfinden sie, sind wie berauscht von ihr und fühlen uns glücklich. Doch mit der Zeit wird sie schwächer, immer schwächer, und verwelkt schließlich wie eine Blume auf dem Feld. Was von ihr bleibt, ist die Erinnerung an ihre wunderbare Blüte. Aber wir bleiben mit dem Menschen zusammen, den wir einmal liebten, wegen der Erinnerung an die Liebe, die wir einmal für ihn empfanden. Und weil der Brauch es so will."

„Es ist nicht diese Liebe, von der ich spreche", sagte Samo. „Ich meine die Liebe, die nicht welkt, die wie eine unversiegbare Quelle in der eigenen Seele fließt, die nicht nur einen Menschen, sondern die ganze Schöpfung umarmt. Wenn du diese Quelle findest, hast du den Sinn deines Lebens erfüllt und bist ein Segen für alle, die deinen Weg kreuzen. Wer die wahre Liebe erfahren hat, der weiß, daß es nichts Größeres im Leben gibt, nichts Wichtigeres, nichts Wertvolleres."

„Das sind schöne Worte", stellte der Mann fest, „doch ich fürchte, daß du nicht viele Menschen damit erreichen wirst. Sie sind zu sehr in ihren ständigen Geschäften, Sorgen und Vergnügungen verstrickt, um in der Tiefe ihres Wesens nach einer unversiegbaren Quelle der Liebe zu suchen." In seinen Blick mischte sich etwas Mißtrauisches. „Bist du etwa ein Wanderprediger?"

„Ja, das ist der Weg, auf den ich mich heute morgen begeben habe. Du bist der erste Mensch, dem ich auf meiner Reise begegnet bin."

Das Gesicht des Bärtigen verfinsterte sich. „Ich mag keine Wanderprediger. Sie predigen Wasser und trinken Wein. Ich kannte einmal einen von ihnen, der die eheliche Treue als heilig pries, aber die Frau seines besten Freundes verführte. Wanderprediger sind in der Regel Menschen, die vorgeben, einer höheren Aufgabe zu dienen, aber nur ihre eigenen Interessen verfolgen. Erst jagen sie dir gehörige Angst vor dem ewigen Elend ein, unter dem du leiden wirst, weil du dich schuldig gemacht hast. Und wer hat sich nicht schon schuldig gemacht? Dann verkünden sie, daß sie auserwählt sind und dir helfen können, dem Verderben zu entgehen. Schließlich bieten sie dir etwas an, das dich vor dem Untergang bewahren soll: ein Amulett, einen Ring, einen angeblich heiligen Stein, ein Fläschchen mit geweihtem Wasser – oder was auch immer. Dafür halten sie dann die

Hand auf. Sie nutzen deine Furcht, deine Besorgnis, deine Gewissensbisse aus, nehmen dein Geld, lachen sich über deine Gutgläubigkeit insgeheim ins Fäustchen und ziehen weiter. Sie haben leider irgend etwas an sich, auf das die Menschen immer wieder hereinfallen."

„Einer von denen bin ich nicht. Wenn ich Wein predige, trinke ich Wein. Wenn ich Wasser predige, trinke ich Wasser."

„Du willst mir also nichts verkaufen?"

„Ich bin kein Händler. Ich bin das, was die Liebe in mir ist. Sieh mir in die Augen, ins Herz, in die Seele! Dort findest du meine Wahrheit, nicht in deinen Vorurteilen."

„Du willst also den Menschen predigen, im Geist der Liebe und friedlich miteinander zu leben?"

„Ja, das will ich."

„Und warum?"

„Weil ich den Geist der Liebe und des Friedens in mir spüre. Dies ist ein so großes Geschenk, das ich es mit anderen teilen muß. Wenn es mir gelingt, diesen Geist auch andere Menschen spüren zu lassen, erfülle ich meine Aufgabe."

„Warum glaubst du, daß es dir gelingen kann?"

„Weil man mit der Flamme einer einzigen Kerze Hunderte von Kerzen anzünden kann, deren Feuer wiederum Tausende und Abertausende von Kerzen entzünden kann."

„Du hast doch sicherlich eine Familie und Freunde zurückgelassen, denen du fehlst. Warum hast du ihnen das angetan? Warum willst du unbedingt durchs Land ziehen und deine Botschaft verkünden?"

„Ja, ich habe mich von meinen Eltern und Freunden verabschiedet, und das ist ihnen und mir alles andere als leichtgefallen. Aber es ist ja kein Abschied für immer. Es ist ein Opfer, das ich bringen mußte, weil es meine Bestimmung ist, meine Einsichten mit möglichst vielen Menschen zu teilen."

„Deine Bestimmung? Nun gut. Dann bin ich also der erste Mensch, mit dem du deine Einsichten teilst."

„Ja, das bist du. Ich glaube übrigens, daß du deine Frau noch liebst. Nein, ich weiß es."

„Wie kannst du etwas wissen, daß nicht einmal ich weiß?"

„Ich habe Liebe in deinen Augen gesehen, als du von deiner Frau sprachst. Deine Liebe zu ihr."

Der Mann wirkte überrascht. „Du kannst dich täuschen", sagte er schließlich.

„Mag sein", erwiderte Samo. „Es gibt einen Weg, wie du die Wahrheit herausfinden kannst. Stell dir einfach vor, du würdest deine Frau verlieren – durch eine Krankheit, einen Unfall. Wenn du dir dies so lebendig wie möglich vorstellst, wirst du die Liebe zu deiner Frau spüren. Wir erkennen und schätzen oft nicht, was wir haben. Erst wenn wir es verlieren, wird uns bewußt, was wir hatten. Natürlich fällt der Staub des Alltags auf jede Liebe, die Jahrzehnte dauert, und nimmt ihr scheinbar die Farben, den Glanz, den Zauber. Doch du kannst diesen Staub abwischen."

„Und wie?"

„Das wirst du herausfinden, wenn du es versuchst."

Der Mann runzelte die Stirn. „Ich werde in Ruhe darüber nachdenken."

Samo schüttelte den Kopf. „Du solltest darüber nachfühlen. Mit Denken kommst du nicht weit, wenn es um die Liebe geht. Alles Wertvolle in unserem Leben kann uns von heute auf morgen genommen werden, nichts ist sicher. Deshalb sollten wir es jeden Tag aufs neue wertschätzen und mit Dankbarkeit umarmen."

„Ich werde über deine Worte nachdenken und nachfühlen. Nichts ist sicher, sagst du. Was würdest du antworten, wenn ich dich frage: Warum ist unser Leben so unsicher, immer bedroht von Krankheiten, Verletzungen, Verlusten und Enttäuschungen?"

„Ich würde antworten, daß deine Frage einseitig ist. Warum sprichst du nicht auch von Gesundheit, Heilungen, Gewinnen und erfreulichen Überraschungen? Wer über die Dunkelheit und Kälte der Nacht klagt, sollte nicht vergessen, das Licht und die Wärme des Tages zu loben. Das Leben bewegt sich nun mal zwischen Gegensätzen hin und her. Auf Ebbe folgt Flut, nach Regen kommt Dürre, Verlust wird durch Gewinn ausgeglichen. Wir müssen alles erleben, das Gute und das Schlechte, alles schmecken, das Süße und das Bittere. Es ist uns aufgetragen, die Gegensätze des Lebens zu erfahren und an ihnen zu reifen. Bestände unser Dasein nur aus Freude und Schönheit, würden wir sie für selbstverständlich halten und wüßten ihren hohen Wert nicht zu schätzen."

„Keine schlechte Antwort", sagte der Mann. „Was würdest du sagen, wenn ich dich frage, wonach Menschen streben sollten?"

„Sie sollten ehrlich zu sich selbst und zu anderen sein, Gerechtigkeit und Großmut wählen, Eigensucht und Habgier meiden. Sich in die Lage des anderen hineinversetzen, ehe sie schlecht über ihn denken oder reden. Sich ihre eigenen Mängel und Unzulänglichkeiten bewußtmachen, bevor sie andere verurteilen. Wir alle sind unvollkommen, wir alle machen Fehler. Wir sollten anderen ihre und uns unsere Fehler vergeben, denn ein Tag ist lang und gibt uns viele Möglichkeiten, das Falsche zu sagen und zu tun. Wir sollten uns gegenseitig helfen, denn das Leben kann schwer sein, und wir brauchen einander immer aufs neue, um es bewältigen zu können."

„Noch einmal: schöne Worte! Aber glaubst du, daß du damit den Menschen wirklich helfen kannst?"

„Wenn ich es nicht glaubte, könnte ich nicht den Weg eines Wanderpredigers gehen."

„Ich gehe jetzt in den Winter meines Lebens", sagte der Bärtige, „aber habe nicht die Weisheit gewonnen, die ich mir in jüngeren Jahren für mein Alter erhofft hatte. Das Leben ist für mich nach wie vor ein Rätsel. Die Menschen sind es nicht minder. Sie können helfen und trösten, sie können viel Gutes geben. Aber sie können auch lügen und betrügen und viel Gutes nehmen. Und man merkt es oft erst, wenn es zu spät ist. Manchmal glaube ich, daß ich ein wenig bitter geworden bin durch die Enttäuschungen, die ich mit Menschen erlebte. Das macht mich traurig, doch es geschah, ohne daß ich es so recht bemerkte."

„Das Leben ist ein Rätsel", gab Samo ihm recht. „Die Menschen sind es nicht weniger, und es ist schwierig, gute Schlüsse aus den Erfahrungen zu ziehen, die man mit ihnen macht."

„Und was wären gute Schlüsse?"

„Wenn du scheiterst, verbittere nicht. Wenn du belogen wurdest, belüge nicht. Wenn du betrogen wurdest, betrüge nicht. Wenn du enttäuscht wurdest, resigniere nicht. Wenn du Illusionen verlierst, verliere nicht die Hoffnung. Wenn du dich abfinden mußt, stumpfe nicht ab. Wenn du Träume verlierst, verliere nicht das Träumen."

„Das sagst du so, als sei es leicht, deinen anspruchsvollen Ratschlägen zu folgen", hielt der Mann Samo entgegen.
„Du hast mich nach guten Schlüssen gefragt, ich habe sie dir genannt. Ich habe nicht gesagt, es sei leicht, sie in Fühlen, Denken und Handeln umzusetzen. Es kann sehr schwierig sein, wahrhaftig zu bleiben, wenn man getäuscht wurde. Redlich zu bleiben, wenn man hintergangen wurde. Die Hoffnung zu bewahren, wenn die Zahl und das Gewicht der Enttäuschungen wachsen. Ja, es kann sehr schwierig sein, doch es ist möglich, wenn du bereit bist, dich zu verändern. Wenn du bereit bist, Stück für Stück den Menschen aufzugeben, der du bist, um den Menschen zu finden, der du sein kannst. Wir alle können so viel mehr sein, als wir jetzt sind."
„Mag sein, mag auch nicht sein. Du rätst dazu, das Träumen nicht zu verlieren. Sag, wovon träumst du, Wanderprediger?"
„Ich träume von einer Welt, in der die Menschen keine Kriege mehr führen und einander keine Gewalt mehr antun, weil sie gelernt haben, in Frieden miteinander zu leben."
„Kriege wird es wohl immer geben, weil es sie schon immer gab", war die Erwiderung. „So sind die Menschen nun einmal."

„Ja, so sind wir leider. Aber Menschen können sich ändern!"
„Da bin ich mir nicht so sicher wie du", sagte der Mann.
„Sicher bin ich mir auch nicht, aber solange ich Hoffnung habe, werde ich für eine bessere Welt eintreten."
Der Mann stand auf. „Ich wünsche dir, daß du diese Hoffnung nicht verlierst. Nun muß ich wieder an die Arbeit gehen. Danke für deine Worte, ich werde sie auf mich wirken lassen."
„Danke für deine Aufmerksamkeit. Leb wohl!"
Der Mann klopfte Samo auf die Schulter. „Ich wünsche dir viel Glück, Wanderprediger! Du wirst es brauchen."

Mit anderen *Augen*

Gedichte

Mit anderen Augen

Um dir treu zu sein,
mußt du dich kennen.
Um dich zu kennen,
mußt du in dich hineingehen.
Um in dich hineinzugehen,
mußt du aus der Welt hinausgehen.

Wenn du dann wieder
in die Welt hineingehst,
wirst du sie mit anderen Augen sehen.
Mit Augen, die sehen.

Geh deinen Weg

Trenne den Weizen
von der Spreu,
laß dich zu Neuem reizen,
doch bleib dir dabei treu.

Dein Leben gehört dir allein,
laß es immer lebendig sein.
Lebe so, daß du nichts Wichtiges vermißt –
und immer deiner Seele nah bist.

Umarme den magischen Augenblick.
Versäume nicht das kleinste Glück.
Laß deine Träume wirklich werden.
Geh deinen Weg, nicht den der Herden.

Die Dinge akzeptieren

Zu deinem Weg gehört es,
daß du ihn auch mal verlierst.
In einer solchen Lage
ist es meist wenig hilfreich,
den verlorenen Weg
auf Biegen und Brechen zu suchen,
weil du dich dabei
noch mehr verirren kannst.
Besser ist es, nichts zu tun
und die Dinge zu akzeptieren.

So kommt dein Weg von selbst
früher oder später zu dir zurück.

Freiheit

Freiheit ist ein Genuß, eine Pracht,
die aus dem bloßen Leben
etwas Wundervolles macht.
Freiheit muß man sich großzügig geben.

Denn ein Leben in unguten Zwängen
kann den Geist verheeren,
kann das Herz verengen
und die Seele entleeren.

Freiheit muß sein,
damit die Existenzübung gelingt.
Freiheit ist ein göttlicher Wein,
der das Lebensgefühl beschwingt.

Den Strick durchtrennen

Der Himmel ist grau,
die Luft feuchtkühl?
Die Stimmung ist mau,
das Lebensgefühl
war auch schon mal besser?
Greife zu deinem mentalen Messer!

Durchtrenne den Strick,
der deinen Heißluftballon am Boden hält!
Und schon spürst du das Glück,
das man spürt, wenn die Schwerkraft entfällt.

Seelengewinn

Klingelt die Freude an deiner Tür,
steh schnell auf und öffne ihr,
denn sie gibt dir Schönheit und Sinn –
sie ist ein großer Seelengewinn.

Freude ist ein Stück Ewigkeit,
ein frohes Stillstehen der Zeit.
Sie macht das Herz heiter
und die Seelenlandschaft weiter.

Der Honig des Lebens

Lebensfreude ist der Honig des Lebens
sie ist die Quelle des Gebens.
Lebensfreude macht die Sicht klar –
und ist ganz und gar unersetzbar.

Mit ihrer Heiterkeit
versüßt sie deine Zeit.
Lebensfreude fördert Lebensliebe,
streut dem Mißmut Sand in sein Getriebe.

Fühlst du sie, dann liegst du richtig,
denn kaum etwas ist so wichtig,
als möglichst oft mit ihr zu leben.
Und wer sie fühlt, kann sie auch weitergeben.

Genießt du sie,
dann brauchst du keine Philosophie.
Gib dich ihr mit Leib und Seele hin:
Sie schenkt deinem Leben Kraft und Sinn.

Leichtigkeit

Leichtigkeit ist unentbehrlich,
sie macht Spaß, sie hält jung.
Ohne sie wäre das Leben zu beschwerlich,
denn ihm fehlte der rechte Schwung.

Mit Leichtigkeit meistern wir Hürden,
überwinden Hindernisse, sprengen Ketten,
die uns gefangen halten würden,
wenn wir die Leichtigkeit nicht hätten.

Leichtigkeit beflügelt und befreit.
Deshalb möchten wir sie nicht missen.
Wo wären wir ohne die Leichtigkeit?
Ich würde sagen: aufgeschmissen.

Der Weg zur
Glückseligkeit

Weisheitsgeschichten

Der Weg zur Glückseligkeit

Ein Suchender fragte einen alten Mann, dem alle nachsagten, daß er bleibendes Glück gefunden habe: „Was ist Glückseligkeit?"
„Sie ist das höchste Ziel eines sinnvollen Lebens", war die Antwort.
„Und wo kann ich sie finden?"
„Glückseligkeit ist der innerste Kern deines Wesens. Du findest sie in der Mitte deiner Seele, wo Stille, Reinheit und Schönheit herrschen und wo alle Gedanken, alle Vorstellungen und alle Bilder, die du dir vom Leben und von dir selbst machst, nicht mehr existieren. Wo du dich vereinst mit dem reinen Leben. Dort liegt Glückseligkeit. Aber die wenigsten Menschen finden auf direktem Weg zu ihr."
„Wie hast du sie gefunden?" fragte der Suchende.

„Als junger Mann suchte ich das Vergnügen, bis ich merkte, daß ich dadurch zu seinem Sklaven wurde. Als ich älter wurde, suchte ich das Glück, bis mir bewußt wurde, wie kurzlebig es ist. Kaum hat man es erreicht, läßt seine Wirkung schon nach. In meinen mittleren Jahren suchte ich nach der Freude, die in mir lebt, und wurde unabhängig von nach außen gerichteten Wünschen und Sehnsüchten. Doch etwas fehlte immer noch. Etwas zog mich zu sich hin – über die Grenzen der Freude hinaus, ganz tief in mich hinein. Und das war die Glückseligkeit, mein tief verborgenes, seelisches Erbe. Seit ich sie gefunden habe, fehlt mir nichts mehr. Vielleicht wirst du den gleichen oder einen ähnlichen Weg gehen müssen. Denn oft findet man erst, was man wirklich sucht, wenn man herausgefunden hat, was man nicht sucht."

Ihr magischer Song

Jede Liebe, wenn es eine wirkliche Liebe ist, hat einen magischen Song, der genau das ausdrückt, was die Liebenden fühlen. Einen Song, den sie vielleicht hörten, als sie sich kennenlernten oder sich zum ersten Mal küßten. Einen Song, der in der Geschichte ihrer Liebe eine ganz besondere, tiefe Bedeutung hat.

Für unser Liebespaar war es der Song *I will love you*. Ein Lied mit einer zauberhaften Melodie, mit liebestrunkenen Worten und einer Sängerin, die so sang, daß man das Gefühl hatte, niemand könne diesen Song ehrlicher, inniger und leidenschaftlicher singen.

Dieser magische Song hatte sie begleitet, vom ersten bis zum heutigen Jahr. Ihre Liebe war alt geworden, älter als die meisten Lieben werden. Und natürlich hatte sie sich verändert mit den Jahren.

Nach außen hin sah es so aus, als hätte sie nachgelassen, als habe der unermüdlich arbeitende Zahn der Zeit an ihrer Substanz genagt. Aber der Schein trog. Tief unter der Oberfläche war ihre Liebe noch so groß und unbezwingbar wie in den ersten euphorischen Wochen und Monaten, die wie ein nicht endenwollendes Feuerwerk der Gefühle waren.

Aber das sahen sie manchmal im Alltagsnebel nicht, das vergaßen sie. Doch immer wenn sie es zu sehr vergaßen, erinnerte ihr magischer Song sie daran, daß sie einander auch dann noch lieben würden, wenn ihre Körper zu Staub geworden waren. Daß sie sich noch immer lieben würden, wenn Stürme ihre Augen füllten und sie sich zum letzten Mal berührt hätten. Weil es im Grunde kein letztes Mal in ihrer Liebe gab.

Ihr Song sprach ihnen aus der Seele, und sie spürten immer ganz genau, wann der richtige Zeitpunkt gekommen war, ihm gemeinsam zu lauschen und zu erleben, daß er schon nach den ersten Tönen des Klaviers die Zeit anhielt und alles in die Bedeutungslosigkeit verbannte, was zuvor noch wichtig und nötig erschienen war.

Dieses Lied hatte sie schon oft gerettet, es fand immer einen Weg zu ihren Herzen, so dick die Staubschicht auch sein mochte, die der Alltag auf das Mobiliar ihrer Liebe gelegt hatte. Die Sängerin wischte den Staub einfach weg mit ihrer Art, ihren Song so zu singen, daß jedes Wort wahr und jeder Ton wirksam waren.

Noch vor drei Tagen hatte er dieses Lied durch die Lautsprecher über die Brücke ihres Gehörs zu ihrem Herzen gesandt, und es war wie immer dort angekommen – und gleichzeitig auch bei ihm. In all den Jahren war es immer angekommen und hatte die Tür geöffnet, auf die es ankam. Nie hatte es versagt: ihr besonderes Lied, ihr magischer Song, der treue und zeitlose Begleiter, Freund und Schutzpatron ihrer Liebe. Ich werde dich lieben, versprach die Sängerin. Und nur ein Mensch ohne Gehör oder ohne Herz konnte daran zweifeln. Es war so, wie sie es sang. Aber sie stellte auch eine Frage. Sie wollte wissen, ob ihr Liebster auch bei ihr bleiben würde, bis zum Ende der Zeit, für immer und einen Tag. War sie sich dessen nicht ganz sicher?

Unseren Liebenden, die heute den siebzehnten Geburtstag ihrer Liebe feiern, hatten sich diese Frage nach drei oder vier Jahren nicht mehr gestellt. Nicht von Anfang an, wer kann schon die Wirkung der alles verändernden Zeit, wer kann die Entwicklung des Alterns einer Liebe einschätzen? Viele Paare leben sich auseinander, wie man so sagt. Erst finden sie zueinander, lieben einander, dann leben sie sich auseinander. Die Zeit als Feindin der Liebe, so war es oft genug. Wie konnte man sich über die Zukunft einer Liebe sicher sein, auch wenn sie noch so groß war? Gerade die größten Lieben bargen die größten Gefahren, sich selbst zu zerstören, wenn ihre Kraft vom richtigen Weg abkam.

Aber mit den Jahren wurde es immer klarer, daß unsere Liebenden für immer und einen Tag zusammenbleiben würden. Denn sie gehörten zusammen, schon in der Zeit, bevor sie sich zum ersten Mal begegnet waren, das hatte die Liebe sie gelehrt. Sie war das größte Geschenk, das ihnen das Leben gemacht hatte: diese Liebe, die über alle Grenzen mit ihnen gegangen war und dorthin gehen würde, wo es keine Zeit mehr gab.

Die unsichtbare Mauer

Es war ein Tag wie aus dem Bilderbuch. Die Sonne strahlte in einem wolkenlosen Himmel. Ein junges Paar hängte Wäsche im Hinterhof auf.

Als sie gerade eins seiner bunten Baumwollhemden an der Wäscheleine festklemmte, fühlte sie sich plötzlich überwältigt von der Liebe, die sie für ihn empfand. „Ich könnte mein Leben lang mit dir Wäsche aufhängen", sagte sie.

Ihre Blicke trafen sich.

Warum er dann mit einem leichten Grinsen sagte, er könne sich Besseres mit ihr vorstellen, als ständig Wäsche aufzuhängen, wußte er selbst nicht. Als er die Enttäuschung in ihrem Blick bemerkte, wünschte er sich, es nicht gesagt zu haben.

Sie wohnten jetzt etwas länger als ein Jahr zusammen, und es war nicht mehr so zwischen ihnen wie in den ersten Monaten, auch wenn er sich gegen diese Erkenntnis wehrte. Ihre Küsse waren nicht mehr so innig, ihre Umarmungen nicht mehr so leidenschaftlich, und lächelnd aneinandergekuschelt schliefen sie schon lange nicht mehr ein. Sie hatten jetzt das, was man eine feste Beziehung nannte. Alles hatte sich normalisiert, und warum auch nicht, man konnte nicht ein

Jahr lang himmelhochjauchzend verliebt sein. Drei bis vier Monate durchschnittlich dauere der Rausch der Verliebtheit, hatte er neulich gelesen, danach gehe eine Beziehung zu Ende oder sie verändere sich.

Er sah ihr in die Augen und versuchte, die unsichtbare Wand zu durchdringen, die das tägliche Miteinander zwischen ihnen geschaffen hatte – eine Mauer, die sich manchmal noch in Luft auflöste, wenn ihre Gefühle intensiv genug waren. Damals, in den euphorischen ersten Monaten, hatte sich diese Mauer nur dann aufgebaut, wenn sie sich in Mißverständnissen verfangen hatten und sich wehtaten bei den Versuchen, sich daraus zu befreien. Liebe war nicht zuletzt eine gesteigerte Anfälligkeit für Verletzungen.

„Und jetzt?" fragte sie.

„Es tut mir leid", antwortete er, „meine Antwort eben. Früher hätte ich mich wahnsinnig darüber gefreut, wenn du so etwas gesagt hättest. Ob Wäscheaufhängen, Blumengießen oder von mir aus im Kreis gehen: Hauptsache mit dir, hätte ich damals gesagt – und nicht, daß ich mir etwas Besseres vorstellen könnte."

Sie lächelte ihn liebevoll an und strich ihm zärtlich eine Haarsträhne aus der Stirn. Ihre Berührung ging ihm unter die Haut, so stark wie zu Beginn ihrer Liebe.

Als er ihr in die Augen sah, war die unsichtbare Mauer fort.

Gegenseitige Unabhängigkeit

„Wie bist du zu der geworden, die du bist?" fragte die Schwere die Leichtigkeit.

„Durch meine Sehnsucht, fliegen zu können."

Die Schwere dachte eine Weile über diese Antwort nach.

„Es genügt also, sich danach zu sehnen, so zu sein, wie man sein möchte, um es zu werden?"

„Bei mir hat es zumindest genügt. Vielleicht, weil meine Sehnsucht sehr stark war."

„Was ist denn so erstrebenswert am Fliegen?"

„Das Gefühl der Schwerelosigkeit, ohne das ich nicht leben könnte."

„Ich kann das sehr gut", sagte die Schwere. „Ich bleibe am liebsten mit beiden Füßen auf dem Boden. Sicher ist sicher. Du hingegen könntest abstürzen, wenn du in der Luft bist. Und je höher du fliegst, desto tiefer kannst du fallen."

„Ja, dieses Risiko besteht, aber ich nehme es in Kauf."

„Mutig bist du ja. Das muß ich dir lassen. Aber vertrauen würde ich dir nicht."

„Warum nicht?"

„Weil kein Verlaß auf dich ist. Wenn es dir irgendwo nicht mehr gefällt, fliegst du einfach davon."

„Und was machst du in einer solchen Situation?"

„Ich bleibe", antwortete die Schwere, „und versuche, die Lage so zu verändern, daß sie mir gefällt."

„Gelingt dir das immer?"

„Mal mehr, mal weniger. Und manchmal leider gar nicht."

„Und was machst du, wenn es dir nicht gelingt?"

„Ich sage mir, daß mir nicht alles in meinem Leben gefallen kann, und finde mich damit ab."

„Und wenn dir dein ganzes Leben nicht mehr gefällt und du das nicht ändern kannst, was machst du dann?

„Ich halte es aus. Ich halte stand, wie ein Fels der Brandung standhält."

„Ich weiß nicht, ob ich dich dafür bewundern oder bemitleiden soll", bekannte die Leichtigkeit.

„Ich brauche weder deine Bewunderung noch dein Mitleid", erwiderte die Schwere.

„Und ich brauche dein Vertrauen nicht. Ist es nicht schön, wie unabhängig wir voneinander sind?" sagte die Leichtigkeit und flog davon.

Die Schwere sah ihr mit einer Sehnsucht hinterher, die sie in der Regel erfolgreich vor sich selbst verstecken konnte, was ihr aber heute nicht gelang.

Mit einem Seufzer stand sie von der Bank unter der Hängebirke auf, wo sie mit der Leichtigkeit gesessen hatte, und spürte den festen Boden unter ihren Fußsohlen, der ihr immer ein gutes Gefühl der Sicherheit gab. Zu ihrer unangenehmen Überraschung konnte sie heute keinen Trost und keine Freude daraus gewinnen.

Zum ersten Mal fragte sie sich, ob es richtig gewesen war, sich für die Sicherheit zu entscheiden, als sie noch die Wahl hatte.

Der Argwohn und die Gelassenheit

Obwohl sie in der Regel unterschiedliche Wege gingen, begegneten sich eines Tages die Gelassenheit und der Argwohn. Da keine unmittelbare Gefahr von ihr auszugehen schien, erwiderte er ihren freundlichen Gruß.

„Wie geht es dir?" fragte die Gelassenheit.
„Wie es halt geht, wenn man immer auf der Hut ist. Man ist nervös und angespannt. Aber daran habe ich mich längst gewöhnt. Man muß sich so nehmen, wie man ist."
„Wovor bist du denn immer auf der Hut?"
„Eigentlich vor allem. Hinter jeder Ecke meines Weges könnte ein Unheil lauern, das ich vielleicht abwehren kann, wenn ich wachsam genug bin. Das Schicksal kann böse und grausam sein!"
„Es kann aber auch hilfreich und liebevoll sein. Es ist unberechenbar."
„Eben deshalb bin ich der Argwohn."
„Und eben deshalb bin ich die Gelassenheit."
„Hast du denn keine Angst vor Unglück und Pech?"
„Dem Schicksal ist es einerlei, ob wir ängstlich oder zuversichtlich in die Zukunft schauen. Es macht, was es will. Ich nehme seine Launen, wie sie kommen, und versuche, das Beste daraus zu machen."
Der Argwohn wirkte nicht gerade überzeugt. „Man kann aber dem Unheil vorbeugen: durch ständige Vorsicht und Weitsicht."

„Darum kann man sich bemühen, aber man darf es damit nicht übertreiben. Denn wenn man dabei zu eifrig ist, betrügt man sich um das Beste im Leben."

„Und das wäre?"

„Der angstfreie Genuß der Gegenwart. Weil ich darauf nicht verzichten will, bin ich die, die ich bin."

„Ich muß gestehen, daß ich dich beneide. Du bist so unbeschwert und entspannt. Aber ich würde trotzdem nicht mit dir tauschen wollen. Aus meiner Sicht bist du zu leichtsinnig."

„Du wärst nicht der Argwohn, wenn du gern mit mir tauschen würdest. Du findest überall ein Haar in der Suppe, und wenn du es vorher eigenhändig hineinlegen mußt", sagte die Gelassenheit mit einem Schmunzeln.

Der Glückliche kennt keinen Neid

Ein wohlhabender Mann sagte zu einem Weisen: „Obwohl viele Menschen neidisch auf mein Geld und meine Luxusvilla sind, bin ich nicht glücklich. Woher kommt das?"

„Der Neid anderer Menschen hat noch niemanden glücklich gemacht", erwiderte der Weise.

„Aber Reichtum und Hausbesitz sollten glücklich machen. Sonst würden doch nicht alle Menschen nach dem Geld streben."

„Hausbesitz macht nicht glücklich, denn sonst wären ja alle Menschen unglücklich, die zur Miete wohnen", sagte der Weise. „Auf dein Geld sind nur Menschen neidisch, die unglücklich sind. Neid ist das selbstquälerische Vergnügen der Unglücklichen. Der Glückliche kennt keinen Neid. Er freut sich nicht nur über sein eigenes Glück, sondern auch über das Glück der anderen."

Der Reiche schloß die Augen und verzog sein Gesicht, als hätte ihn eine Ohrfeige getroffen. Lange war es still. Dann sagte er: „Offen gestanden fühle ich mich oft unglücklich. Was kann ich deiner Meinung nach tun, um glücklich zu werden?"

„Stell dir das Unglück wie überflüssiges Gepäck vor, das du mit dir schleppst auf deiner Lebensreise. Wirf es einfach ab!"

„Du rätst mir, daß ich mein hart erarbeitetes Geld und meinen Besitz verschenken soll?"

Der Weise schüttelte den Kopf. „Du hast nur das, was du bist. Also versuche, dein Sein zu erweitern, nicht deinen Besitz."

Die Schönheit des
Wünschens

Gedanken

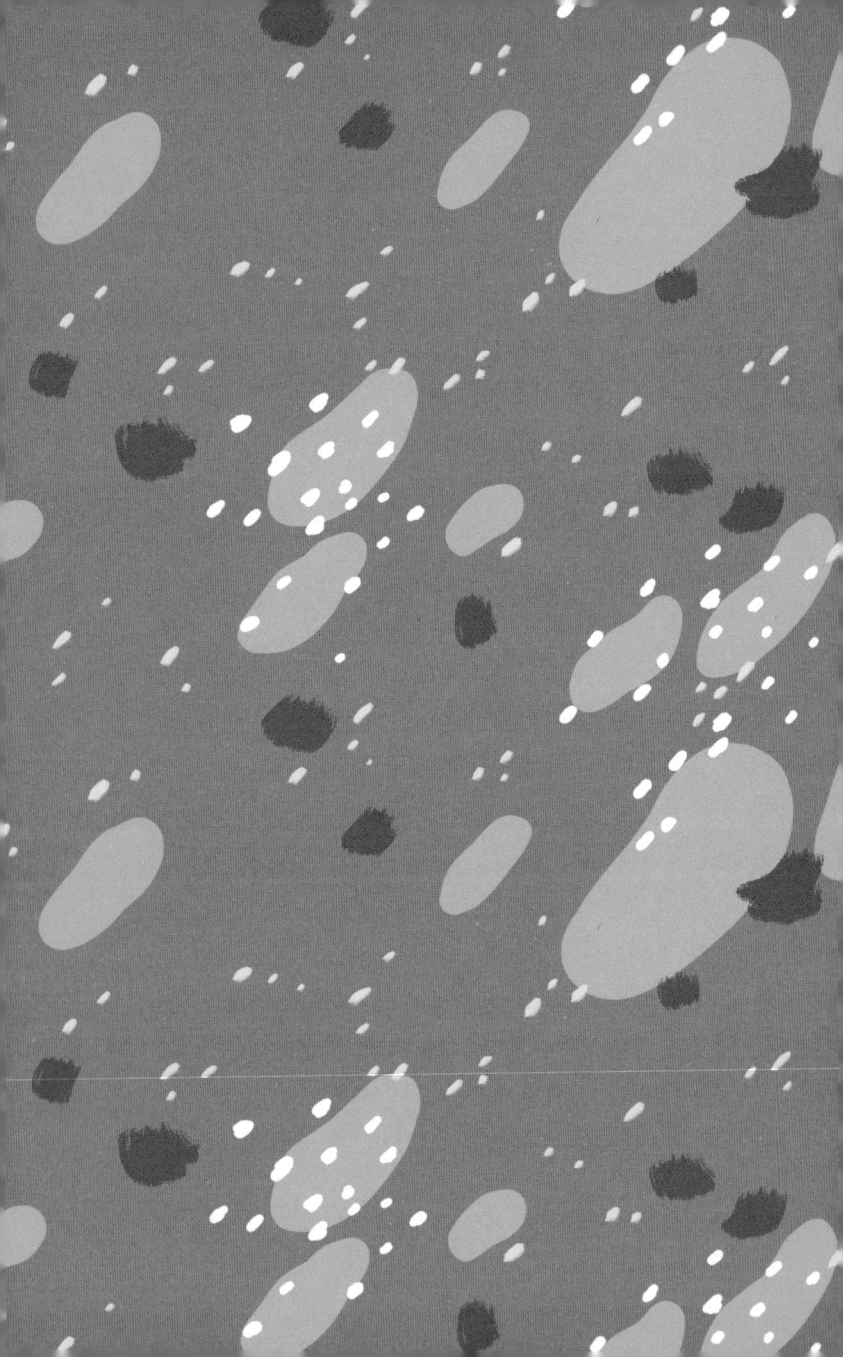

Die Schönheit des Wünschens

Das Wünschen kann schön sein,
denn es unterliegt nicht
der Unberechenbarkeit der Wirklichkeit.

Manchmal gibt das Wünschen
mehr Freude, Kraft und Zuversicht
als ein erfüllter Wunsch.

Deshalb sollte man
immer ein paar Wünsche haben,
ohne nach ihrer Erfüllung zu streben.

Herzensintelligenz

Die Intelligenz
hat kein Herz,
aber das Herz
hat Intelligenz,
und das ist
die höhere,
die tiefere.

Das absichtslose Nichtstun

Wenn der Zeitgeist
oder die Langeweile
von dir verlangen,
dich ständig zu beschäftigen,
verweigere ihnen den Gehorsam
und entdecke die Wohltat
des absichtslosen Nichtstuns,
des ziellosen Aufgehens
in der reinen Gegenwart.

Du wirst überrascht sein,
wieviel Gutes daraus entstehen kann.

Der Glaube daran

Nicht selten
ist es der Glaube daran,
daß ein Wunsch
in Erfüllung gehen kann,
der uns die Kraft
und die Leichtigkeit gibt,
mit deren Hilfe wir
aus diesem Wunsch
Wirklichkeit machen.

Die Kraft des Wünschens

Manchmal muß man sich
das scheinbar Unmögliche wünschen,
um das Mögliche erreichen zu können –

mit der Kraft,
die ein starker Wunsch freisetzen kann.

Jeder Tag ist ein Unikat

Im Grunde gibt es keinen Alltag,
denn jeder Tag ist ein Unikat –
wenn wir ihn im Bewußtsein
seiner Einmaligkeit leben –

und in dem Wissen,
daß er uns viel Gutes geben kann,
wenn wir es wahrnehmen
und mit Offenheit
und Dankbarkeit annehmen.

Dreisatz

Lebe achtsam
und freundlich
im Augenblick,
schweife nicht ab
in die Vergangenheit
und erwarte nichts
von der Zukunft.

Nicht mit Kraft

Die wirklich magischen
Türen deines Lebens
öffnest du nicht mit Kraft,
Gewalt oder Einbruchswerkzeug –

sondern mit intuitiver Sanftheit,
mit lächelnder Leichtigkeit
und mit viel Fingerspitzengefühl.

So wertvoll

Kaum etwas ist so wertvoll
wie ein magischer Moment.
Er ist unberechenbar
und entsteht gern dann,
wenn man ihn nicht erwartet.
Er kann Sekunden, Minuten
und manchmal Stunden dauern.
In ihm findet dein Leben
seine größten Schätze.
Er überwältigt dich,
macht dich dankbar und sprachlos
mit seiner Schönheit, seiner Intensität.

Du kannst ihn nicht suchen,
aber du mußt offen für ihn sein,
damit er dich finden kann.

Wunsch und Wille

Man kann nicht alles bekommen,
was man sich wünscht.
Aber man kann lernen,
seinen Willen nicht so ernst zu nehmen.

Der Wunschkristall

Ich wußte nicht, wie ich hierher gekommen war, aber ich spürte sofort: An diesem herrlichen Ort wollte ich bleiben. Alles wirkte heiter im Sonnenlicht, der Himmel strahlte wolkenlos und weit, die Luft war warm und klar, das Leben mit Freude geschmückt. Überall herrschte ein buntes Treiben, und die Menschen nahmen sich Zeit. Hier schien das Leben geglückt.

Ich tauchte ein in den Strom der Passanten. Wie einem lieben Bekannten schenkte man mir hier und dort ein Lächeln, ein fröhliches Nicken, ein freundliches Grußwort, als wollte man mein Herz erquicken.

Ein Mädchen kam aus dem Gegenlicht auf mich zu. Sie hatte ein feines, zartes Gesicht, das mir vertraut war und zugleich fremd. Ihr Blick war klar und voller Glanz. Sie trug ein langes, buntes Hemd; ihr Gang war beschwingt, schien fast wie ein Tanz. Sie lächelte mich lieblich an – schon war ich gefangen in ihrem Bann und folgte ihr durch traumhafte Straßen und verwunschene, geheimnisvolle Gassen mit prächtig bemalten Häuserwänden. Ich hoffte, dieser Zauber würde nicht vergehen, bis ich alles gefühlt und gesehen, alles erlebt hatte, was mich mehr und mehr faszinierte und im Innersten berührte.

Das Mädchen führte mich in einen Laden, wo es alles gab, was die Phantasie begehrte: den echten Ariadnefaden, einen diamantbesetzten Zauberstab, ein sprechendes Schaukelpferd, ein Paar selbstgehende Schuhe, in der Luft schwimmende Zierfische, der vergilbte Lageplan einer

Schatztruhe, zwei immergedeckte Tische, unvergängliche Seifenblasen, ihre Farben ständig wechselnde Tücher und zwölf erlesene Bücher, die sich mit wohlklingenden Stimmen selbst verlasen, wenn man sie aufschlug. Und, kaum zu erkennen: ein winziger Zug auf haarfeinen Schienen.

„Guten Tag! Womit kann ich dienen?" fragte ein kauziger, kleiner Mann und trat tänzelnd an mich heran. „Vielleicht mit diesem verhexten Glas, das niemals voll wird, soviel man auch einschenkt? Auf jedem Fest ein Riesenspaß! Oder bist du eher interessiert an jenem Zauberwasser, das aufwärts fließt?"

„Nein, danke", sagte ich, denn mein Blick wurde magnetisch angezogen von einer Kugel aus geschliffenem Kristall, die mich auf unerklärliche Weise faszinierte. Kaum größer als ein Golfball lag sie auf einem blauen Seidentuch. Über ihr glänzte ein winziger Regenbogen.

„Oha! Ich habe wählerischen Besuch! Sei's drum! Wenn dieser Kristall dich bannt, greif zu, greif zu! Ja, nimm ihn dir! Er stammt aus dem Wunderland und ist ein unschätzbares Souvenir."

Ich fragte: „Was kostet er?"

„In meinem Geschäft", sprach der Kauz und lachte, „hat jeder Kunde einen Wunsch frei – aber beachte: Du siehst begehrenswerte Dinge hier; was du zuerst berührst, gehört dir. Also wähle, doch mach dir die Wahl nicht zu schwer. Besser weiß man es meistens erst hinterher."

Intuitiv nahm ich den Kristall in die Hand und bewunderte seinen kleinen Regenbogenschein.

„Jetzt ist er dein!" rief der Mann. „Deine Wahl war brillant! Nun darf ich es dir sagen: Dies ist ein Wunschkristall! Wirfst du ihn jemandem zu wie einen Ball, darfst du dir einen Wunsch ausdenken – und diesen Wunsch dem Fänger des Kristalls schenken. Wünschen kannst du also nur einem anderen etwas: zum Beispiel ein langes Leben oder täglichen Spaß, hohe Gefühle oder tiefes Verstehen. Und nun kommt der Punkt, von dem alles abhängt: In Erfüllung kann dein Wunsch nur gehen, wenn der andere den Kristall auch auffängt! Läßt er ihn ungeschickt zu Boden fallen, ist seine Wunderkraft für immer verloren – und dann ist er nur noch einer von zahllosen Kristallen. Ich hoffe also, daß du bedenkst: Jeder Wunsch, den du verschenkst, könnte der letzte sein. Du mußt dich stets fragen, ob er das Risiko wert ist, ihn zu wagen. Übrigens – dieser Kristall hat auch noch andere Fähigkeiten, doch die erkennst du schon beizeiten."
Von der Zauberkugel in meiner Hand entzückt, verabschiedete ich mich und verließ aufgeregt, dankbar und beglückt das phantastische Geschenkeparadies mit dem Mädchen an meiner Seite, das sich mit mir freute.

Das Mädchen führte mich zu einem Basar, wo ein alter Mann mit weißem Haar unter einem reich verzierten Sonnendach mich freundlich heranwinkte und zu mir sprach: „Dir steht die Suche auf der Stirn geschrieben. Du suchst den Sinn, der höher schwebt als der Verstand, nicht wahr?"

Überrascht antwortete ich: „Ja."

Er nickte und sagte: „Das Leben ist ein grenzenloses Land. Verstehe es mit Gefühl, fühle es mit Verstand. Atme es ein wie Höhenluft, trinke es wie Wasser aus einer Quelle, und es wird dir seinen feinsten Duft, seine strahlendste Helle, seinen höchsten Sinn offenbaren. Es wird dich führen, mit den Jahren, zu seinen schönsten Flecken. Und du wirst sie schmecken, seine köstlichsten Gaben, deine Seele wird sich daran laben und dein Geist die Sterne berühren! Entdecke das Leben mit Zuversicht und Heiterkeit! Halte das Gleichgewicht zwischen Nehmen und Geben, und sei dein eigenes Licht! Ist die Zeit reif, öffnet sich dir die geheimste Lebenstür – und du blickst hinter die Kulissen der Zeit!"

Die Worte des Weisen taten mir gut. Sein darauf folgendes Schweigen war voller Anmut. Ich warf ihm impulsiv den Wunschkristall in die Hände und wünschte ihm Seligkeit bis an sein Ende. Er fing ihn auf und sah mich lächelnd an. Sein Blick bannte mich mit seiner Eindringlichkeit und machte mich bereit, tiefer und tiefer in den Kristall zu sehen, der auf der Handfläche des Mannes lag, strahlend schön wie die Welt am ersten Schöpfungstag.

Und ich sah Farbspiralen aus dem Nichts entstehen und reine Schönheit vollbringen. Jede Farbe war zugleich auch ein Klang, ein zauberhaftes Singen. Es erfüllte mich mit Entzücken und Glück und mit tiefem Dank. Ein jeder Ton war wesentlich, und alle Töne vereinigten sich zu einer himmlischen Farbenmusik, die mich erhob in eine Wunderwirklichkeit jenseits von Raum und Zeit.

Plötzlich umschlossen die Hände des Mannes den Kristall, und der Zauber verflog wie ein Traum. Die Zeit kehrte zurück und mit ihr der Raum. Es war ein schneller, tiefer Fall. Ich fragte den Mann mit trockener Kehle: „Ist all das in diesem Kristall?"

„All das", sagte er, „ist im All deiner Seele."

Dann warf er den Kristall zu meinem Schrecken hoch in die Luft! Was wollte er damit bezwecken? War er, wie jeder Weiser, auch ein Narr?

Wie gelähmt sah ich den Kristall schon zu seinen Füßen auf den Boden fallen und seine Wunderkraft für immer verlieren. Ich fühlte eine große Traurigkeit in mir aufsteigen.

Doch das Mädchen fing die Zauberkugel mit viel Geschick und gab sie mir in die Hand zurück.

„Tausendundeinen Dank", sagte ich. „Manchmal erscheint es mir, als kenne ich dich, dabei weiß ich nicht einmal deinen Namen. Wer bist du? Du bist doch nicht zufällig hier! Sag, warum hilfst du mir?"

Ihr warmes Lächeln ging mir sehr nah.

„Mein Name ist – in diesem Leben – Anima. Du und ich, wir sind nicht zum ersten Mal zusammen. Wir sind Seelengefährten schon seit langer Zeit, Jahrhunderte tragen unsere Verbundenheit. Wir hatten uns verabredet: heute, an diesem Ort – und wir standen zu unserem Wort. Wie ich mich freue, daß du gekommen bist! Ich bin noch sehr jung, wie du siehst, doch ich kann in deiner Seele lesen, als sei sie ein Teil meines eigenen Wesens. Ich kenne deine brennenden Fragen und werde dir helfen, Antworten zu finden.

Dies wird uns noch tiefer miteinander verbinden."
Wie kann dieses Mädchen nur so etwas sagen, fragte ich mich. An diesem Ort schien nichts unmöglich!
„Anima, wenn du es kannst, bitte sag mir: Wie kam ich hierher? Wo in aller Welt bin ich hier?"
„Was macht es schon, wenn eine Erklärung fehlt? Wir haben uns wiedergefunden – das allein zählt!"
Ich war von Animas Worten gebannt. Was ich nicht sehen konnte, hatte sie erkannt! Mir fiel es wie Schuppen von den Augen. Wegen Anima war ich hier! Sie war der Grund!
Ich kniete mich hin, küßte sie und umarmte meine wiedergefundene Seelengefährtin.
„Komm", sagte sie, „gehen wir zu der Seherin! Ihr ist Hellsichtigkeit eigen. Sie wird uns den Weg zeigen."

Die Seherin saß in einem großen, weißen Raum. Als wir eintraten, rührte sie sich kaum. Sie sah mich an, als blicke sie durch Glas. Da war etwas in ihren Augen, das mich seltsam bannte. Als ich ihre Blindheit erkannte, tat die reglose Frau mir leid.
„Ich brauche dein Mitleid nicht", sagte sie ohne Bitterkeit. „Ich habe gelernt, mein Augenlicht nach innen zu kehren. Ich kann die sichtbare Wirklichkeit entbehren. Es gibt eine unsichtbare Welt, die man nur mit der Seele erkennt. Weißt

du, was den meisten Menschen fehlt? Das, was man die Augen des Herzens nennt: Augen, mit denen wir das Wesentliche sehen. Ohne sie werden wir blind durchs Leben gehen, unsere Bestimmung verfehlen und uns untrennbar mit dem Irrtum vermählen. Ich sehe deinen Körper nicht, doch ich sehe deine Seele, dein inneres Licht. Ich erkenne deine Suche und achte sie. Vergiß nur eins nicht: Manche Wünsche erfüllen sich nie."
Mein Blick ruhte lange auf ihrem Gesicht. „Gib meiner Suche Licht", bat ich schließlich die Seherin. „Weise mich dorthin, wo ich die Wahrheit ergründe, der keiner sich verschließen kann; wo ich die Liebe finde, die mehr ist als ein schöner Wahn."
„Du suchst nach Liebe und Wahrheit?" sagte sie. „Wer suchet, der findet; doch es braucht seine Zeit, bis eine Quelle ins Meer mündet. Anima hat dich zum Ort der Wahl geführt; dort hast du gewählt, was dir gebührt. Nun wirst du den Denker beehren. Seine Erkenntnisse haben ein tristes Gesicht; sie werden dich lehren, wohin Denken führen kann ohne Zuversicht. In einem großen Blütengarten wird ein junger Mann auf dich warten, der deine Hilfe gebrauchen kann. Dort findest du auch den Dichter. Er entzündet hübsche Wortlichter gegen die Dunkelheit, doch ihr Schein reicht leider nicht weit. Tief im Wald lebt ein Eremit. Frage ihn, warum er die Menschen flieht, weshalb er unter ihnen leidet und den Umgang mit ihnen meidet. Ins Wachsfigurenkabinett wirst du dann gehen und allerlei berühmte

Verstorbene sehen. Normalerweise hört man sie nicht sprechen, doch dein Kristall wird ihr Schweigen brechen. Zum Palast der Glücklichen wird Anima dich dann führen. Drei Menschen werden dort dein Herz berühren. Der Duft des Glücks wird dich erfüllen, und du wirst eine große Sehnsucht stillen. In einem Zirkuszelt erwartet dich ein Schauspiel von der Mißhandlung unsrer Welt. Schließlich wird Anima dich zum Musiker führen, und du wirst die Kraft deiner Sehnsucht spüren. Ein wunderschöner Traum wird zerrinnen, doch du wirst tiefe Einsichten gewinnen. Manchen Gewinn erkauft man nur mit Verlust. Nun gehe den Weg, den du gehen mußt!"

Der Denker hatte ein trauriges Gesicht, geprägt von Vergeistigung, Ernst und Verzicht. In seinen Augen war kein Glanz mehr; sie wirkten zwar wach, doch zugleich auch leer. „Mir wurde geraten, dich zu beehren. Dies ist Anima, meine Begleiterin; sie führte mich zu dir hin. Kannst du mich etwas lehren über die Menschen und das Leben? Magst du mir Einblick in deine Erkenntnisse geben?"
Er sah mich forschend an und sprach: „Was soll ich dir über die Menschen sagen? Ich höre nicht auf, mich selbst zu befragen. Wandelnde Widersprüche sind wir, Heilige und Sünder in einer Person, fähig zu tiefer Liebe, fähig zu beißendem Hohn. Wir halten uns für zivilisiert und aufgeklärt, doch im Grunde sind wir wild, und was wir wissen, ist nicht immer wissenswert. Wir bieten den Rätseln der

Schöpfung die Stirn, doch das Leben ist mehr als sein Abbild in unserem kleinen Hirn. Wir kritisieren die anderen, doch uns selber nicht; allzu gern sehen wir uns in positivem Licht. Ehrlichkeit ist auch nicht eine unserer Stärken: Wer kann sich schon alle seine Lügen merken? Wir lieben es, uns selbst und andere zu betrügen, anstatt der Wahrheit mutig ins Gesicht zu sehen. Im Grunde unseres Herzens hassen wir dennoch unsere Lügen und können letztlich nicht verstehen, warum wir uns immer wieder in sie verstricken. Doch es will uns einfach nicht glücken, von ihnen zu lassen. Wir sind notorische Wahrheitsbeuger, unverbesserliche Lug-und-Trugerzeuger, leidenschaftliche Wanderer auf Holzwegen."

Ich hielt dem Denker entgegen: „Deine Worte klingen wohlbedacht, doch sie schmecken wie bittere Mandeln und sind düster wie die Nacht. Sie können mir nichts Gutes geben! Sag, hast du keine Freude mehr am Leben?"

„Nein", antwortete er. „Ich habe sie eingebüßt, als ich erkannte, daß unser Leben stete Trennung ist, und jede Trennung fällt uns schwer! Allzu oft laufen wir der Gegenwart hinterher, geben uns dem bitter-süßen Trost der Nostalgie hin und verfehlen unseren eigentlichen Lebenssinn. Der Mensch lebt von und mit Gewohnheiten, er bindet sich an die Vergangenheit aus Furcht vor der künftigen Zeit und deren Unsicherheit. Vor allem fürchtet er den Tod, der ihn unentwegt bedroht, der Tag und Nacht wie ein Damoklesschwert über ihm schwebt, ihm seinen Seelenfrieden raubt und schallend lacht, wenn der Mensch glaubt, daß er wirklich lebt – denn er lebt nur zum Schein: Seine Ängste trennen ihn vom wahren Sein. Das Höchste, was wir erreichen können, ist, würdig zu leben – also gelassen unseren Lebensweg zu gehen, ohne Illusionen, ohne Angst, ohne Klage. Begreifst du dies, wirst du verstehen, warum ich dir sage: Freude am Leben können nur jene haben, die es nicht kennen, die sich in schöne Wunschbilder verrennen. Mögen sie sich an ihren Träumen laben! Das Leben selbst ist kein Traum, und schön ist es kaum. Es gleicht einer Geschichte, die jemand rezitiert, der allzu oft den Faden verliert – eine Geschichte ohne erkennbaren Sinn. Was immer man auch aus ihr lernt – der Tod rafft es dahin."

Ich konnte den Denker nicht verstehen. „Nicht das Antlitz des Lebens hast du gesehen, sondern bloß deines eigenen Geistes Gesicht – in einem hellen, aber kalten Licht. Ich las einmal bei einem großen Dichter, das Leben habe zahllose Gesichter."

„Zahllose Masken", erwiderte er, „zahllose Masken vor ein und demselben Gesicht, zahllose Titel für ein und dasselbe Gedicht."

„Gefunden hast du die Melancholie", sagte ich, „aber die Wahrheit findest du so nie!"

„Glaub mir: Die Wahrheit ist traurig", klagte er, „sie ist grausam und schaurig, sie kennt keine Moral, kein Erbarmen. Sie hat Dornen an ihren Armen."

In diesem Moment dachte ich an den Wunschkristall. Der Denker war buchstäblich ein ernster Fall, er war bedrückt und tat mir leid. Ich wollte ihm Lebensfreude wünschen,

Heiterkeit, zog den Kristall aus der Tasche hervor und flüsterte dem Philosophen ins Ohr: „Dies ist ein Wunschkristall, damit kann ich dir Lebensfreude wünschen. Gesetzt den Fall, ich würfe ihn dir zu: Würdest du ihn auffangen, damit er nicht zu Boden fiele?"

„Nein! Mir widerstreben kindische Spiele!" war sein harsches letztes Wort.

„Schade", sagte ich, steckte den Kristall wieder ein und ging fort.

„Und – hast du etwas gelernt?" rief Anima, die vor dem Haus im Garten saß, als sie mich aus der Tür kommen sah. Ich setzte mich zu ihr ins Gras. „Der Denker konnte mir nichts geben", sagte ich zu ihr. „Fast scheint es mir, als fürchte er sich vor dem Leben. Seinem Denken fehlt es nicht an Schärfe und Tiefe, aber an Wärme und Licht. Ich fürchte, er käme nicht, selbst wenn die Liebe in Person ihn zu sich riefe. Das Leben spüren, von Augenblick zu Augenblick! Lächelnde Blicke tauschen und der Musik des Schweigens lauschen: So entsteht Glück, das beste Kraut gegen Melancholie. Doch das nähme der Denker nie."

„Komm, gehen wir in den Blütengarten", sagte Anima. „Es ist ein wunderschöner Ort. Blumen, Sträucher und Bäume aller Arten blühen dort."

Der Park war eine üppig blühende, herrlich duftende Welt unter dem hellblauen Himmelszelt. Rote Blüten leuchteten wie Feuer, weiße wie frisch gefallener Schnee. Dieser Blütengarten war mir sogleich lieb und teuer.

In seinem Herzen lag ein See, an dessen Ufer fröhliche Menschen saßen und miteinander lachten, tranken und aßen.

Abseits der anderen saß ein junger Mann. Er wirkte traurig, in sich gekehrt, als sei seine Seele mit einer großen Last beschwert.

Vielleicht wirkte ich aufdringlich, doch ich ging zu ihm hin, räusperte mich und sprach ihn an: „Verzeih, daß ich dich störe, aber etwas zieht mich zu dir, vielleicht nur eine gewisse Neugier."

Er sah erstaunt auf und sagte: „Ich höre."

„Warum hast du dich so zurückgezogen? Was trübt dein Gefühl? Was hat dich um die Heiterkeit betrogen: eine Angst, ein Leid, ein verlorenes Spiel?"

Todtraurig war sein Blick. So jung, dachte ich, und so weit entfernt vom Glück.

„Ich frage mich", sagte er nach einer Weile, „was ich wohl wert sein mag, als Mensch, als Mann – doch ich finde kein Maß, dem ich vertrauen kann. Ich kann fühlen und denken, geizen und schenken, ich kann schwach sein und stark, glücklich bis zum Zerspringen und traurig sein bis ins Mark. Jedes Lebenslied kann ich singen, doch wie soll ich meinen Wert erkennen? Kannst du ihn mir nennen?"

„Warum stellst du dir unnötige Fragen? Jeder Mensch hat der Welt etwas zu sagen, sonst würde er nicht leben. Jeder kann etwas geben und darf etwas nehmen."

„Du verstehst mich nicht", erwiderte er, „mein Herz ist so schwer, daß ich fürchte, es bricht."

„Dann beende mein Unverständnis – vielleicht mit einem Bekenntnis. Ich werde damit nicht hausieren gehen. Mir liegt nur daran, dich zu verstehen."

Er schwieg lange, ohne mich anzublicken. Als ich schon glaubte, er würde mich fortschicken, sagte er: „Siehst du die Frau in dem Segelboot, dort auf dem See? Sie ist der Grund meiner Not und merkt nicht einmal, daß sie es ist. Einmal haben wir uns geküßt – ich habe so viel dabei empfunden, ich fühlte mich im Paradies. Nun sieh, was dieser Kuß hinterließ – ein Gift, das in meinen Adern kreist und mich langsam innerlich zerreißt, mich bluten läßt aus unsichtbaren Wunden. Nenne es Ohnmacht, nenne es Sehnsucht, nenne es Eifersucht; was es auch sein mag, es sei verflucht! Gestern noch wünschte ich mir, ich wäre tot. Siehst du den Mann bei ihr im Segelboot? Sie hat auch ihn geküßt, und nun kann sie sich nicht entscheiden, will nicht von mir lassen, kann ihn nicht meiden. Das Schlimmste dabei ist: Er benutzt sie nur, er liebt sie nicht! Er wird nicht halten, was er ihr verspricht. Schau, wie gut er es versteht, den souveränen Segler zu mimen – dabei kann er kaum schwimmen! Ich hoffe nur, daß der Wind meines Schicksals sich bald dreht. Oder gleicht die Hoffnung einem naiven Kind?"

„Zu hoffen kann naiv sein, aber auch klug", sagte ich. „Manchmal hat Hoffnung einen tiefen Sinn, erweist sich als unsere beste Freundin, und manchmal ist sie schierer Selbstbetrug. Aber verrate mir: Wie kannst du so gut ins Herz deines Rivalen sehen?"

„Das ist leicht zu verstehen. Der junge Mann dort am Bootsruder ist mein eigen Fleisch und Blut, mein älterer Bruder. Daß unsere Mutter mich mehr liebte als ihn, hat er mir bis heute nicht verziehen. Jetzt hat er den Weg seiner Rache gefunden; und, weiß Gott, er läßt sie sich munden."

„Schau! Dies ist ein Wunschkristall", sagte ich, ohne lange nachzudenken. „Fängst du ihn auf wie einen Ball, kann ich dir die Erfüllung eines Herzenswunsches schenken."

Schon warf ich ihm den Kristall zu. Er fing ihn geschickt. Im Nu kam ein heftiger Sturm auf, und mein Wunsch nahm seinen Lauf. Überrascht von dem jähen, heftigen Wind kenterte das kleine Segelboot. Der Liebende gab mir den Kristall zurück, stürzte sich ins Wasser und schwamm voller Hast. Seine Liebste klammerte sich an den Bootsmast.

Sein Bruder schwamm unbeholfen zum Ufer hin, ohne sich einmal umzusehen nach seiner Begleiterin.

Ihr wahrer Geliebter brachte sie unversehrt an Land.

Ich ging zu Anima zurück und strahlte sie an.

Glücklich ist, wer glücklich machen kann.

Auf unserem Weg durch den Blütengarten kamen wir zu einem romantischen Gasthaus.

„Hier geht der Dichter ein und aus. Oft sitzt er an einem Tisch mit Stift und Papier. Wir müssen bestimmt nicht lange auf sein Erscheinen warten", erklärte Anima. „Er liebt diesen Ort. Schau, wir haben Glück: Er ist schon hier."

Der Dichter war ein schlanker Mann, dessen Alter schwer einzuschätzen war. Man sah ihm seine Berufung an. Fein geschnitten war sein Gesicht, verträumt und klar zugleich glänzte sein Blick im Sonnenlicht.

„Ich hoffe, dich nicht zu stören", sprach ich ihn an. „Ich würde zu gerne hören, warum du Dichter geworden bist."

„Wenn's mehr nicht ist", antwortete er und bot uns zwei Stühle an. Seine Stimme war freundlich und ruhig. „Ich sage dir gern, was ich sagen kann, doch erwarte nicht allzu viel. Ich versuche nur, Sprache, Einsicht, Sehnsucht und Gefühl zu einer Einheit zusammenzufügen. Das ist beileibe keine leichte Sache, und doch ist es ein einzigartiges Vergnügen, eine große Faszination und Leidenschaft! Es ist das Spiel der Schaffenskraft, das mich in seinem Bann gefangen hält. Mich fasziniert die Spannung zwischen der Phantasie und der wirklichen Welt. Ich weiß genau: Worte genügen nie – und hege trotzdem die Zuversicht, sie könnten vielleicht einmal doch genügen, sich zu einem vollkommenen Gedicht aneinanderfügen und mich nicht betrügen um die Essenz, den eigentlichen Sinn, den mitzuteilen ich berufen bin. Dies zu erreichen, würde mich belohnen für alle Holzwege, die ich mir mühsam durch die Sprache bahnte, für alle Enttäuschungen und Rückschläge, alle hohlen Ideen, in die ich mich verrannte. Vielleicht mache ich mir auch nur Illusionen und gleiche dem armen Irren, der Wasser in einem Sieb zu tragen versucht. Doch ich will meine Hoffnung nicht verlieren; dabei habe ich sie schon oft verflucht."

„Es ist keine leichte Mission, wenn du es so verstehst, das Dichten", sagte ich nachdenklich.

„In der Tat. Doch ich kann nicht darauf verzichten", bekannte er. „Es wurde mir in die Wiege mitgegeben, ich kann es nicht vermeiden. Ich muß es durchleben, durchlieben und durchleiden. Doch sage mir: Was führt dich durchs Leben?"

„Auch kein leichtes Streben: Ich bin auf der Suche nach dem höchsten Lebenssinn. Ich suche die Wahrheit, die alles enthält, was im Leben zählt."

„Das hellste aller Wahrheitslichter ist für mich der Satz: Die Persönlichkeit ist unser größter Schatz", antwortete der Dichter. „Sie dürfen wir nicht an die Welt verschenken! Sie uns im rauhen Leben zu erhalten, durch seine Stürme zu lenken und so gut wie möglich zu entfalten, ist das wichtigste Lebensziel. Wesentlich ist aber auch das Gefühl. Bloß scheinlebendig ist ein Mann, der nicht fühlen kann. Bedauernswert ist eine Frau, die ihre Herzensregungen verdrängt, denn ihr Gemüt wird fahl und grau. Nichts wird ihr mehr geschenkt aus dem Füllhorn der Liebe, ohne deren Segen jede Menschenseele unbeseelt bliebe. Wo keine Gefühle sich mehr regen, hat sich der innere Tod vor dem äußeren eingestellt. Gefühllosigkeit ist die größte Ursache der Not und des Elends auf der Welt. Der nüchterne, berechnende Verstand hat die meisten Menschen in seiner Hand, doch der Verstand kann nichts verspüren! Wer ihm folgt, wird sich verlieren. Zu viele Menschen haben Angst vor Gefühlen, weil sie ihr Innerstes aufwühlen und ihnen die Selbstbeherrschung rauben. Sie wiegen sich im trügerischen Glauben, daß Gefühle weniger bedeuten als der Verstand, und geben damit ihr Wertvollstes aus der Hand, lassen es einfach verkümmern, verdorren. Weist man sie darauf hin, predigt man tauben Ohren! Wir brauchen den Verstand, das ist richtig, aber Gefühle sind so wichtig. Wer sie mißachtet, verleugnet sein eigenes Wesen, und mit der Zeit wird sein Gemüt blind. Wie kann man im Buch des Lebens lesen, wenn die Augen des Herzens verschlossen sind?"

Ich verabschiedete mich von dem Dichter mit einem herzlichen Dankeswort und hoffte auf ein Wiedersehen an einem anderen Ort.

Der Eremit war ein hochgewachsener Mann mit einem langen, grauen Vollbart. Man merkte ihm sofort die Menschenscheu an.

„Warum klopft ihr an meine Tür? Was wollt ihr von mir?" fragte er spürbar ungehalten. Sein Blick war hart. „Geht wieder fort! Dies ist nicht euer Ort!"

„Bitte verzeih meine Aufdringlichkeit", sagte ich, „ich möchte dich nicht vergrämen! Deinen Frieden will ich dir nicht nehmen, bloß ein winziges Stück deiner Zeit. Beantworte mir nur zwei Fragen, dann gehe ich wieder fort. Du hast mein Wort."

Er lachte bitter. „Versprechen klingen immer famos. Für mich sind sie bedeutungslos, also schenke sie dir. Doch da du nun einmal hier bist und es dir anscheinend ernst ist mit deinen Fragen – stelle sie mir!"

„Warum wohnst du ganz allein im Wald? Ist dir das Leben unter Menschen zu kalt? Schmerzt dich eine Wunde, plagt dich ein Gram, der dir die Freude am Miteinander nahm?"

Der Eremit sah mir spöttisch in die Augen. „Deine Sorge um mich ist nicht nötig. Ich lebe gern allein für mich, weil die Menschen im allgemeinen wenig taugen. Sie sind meist engstirnig und oberflächlich, Hauptsachen erscheinen ihnen nebensächlich. Ihr Zusammenleben ist mehr oder minder fatal; es mangelt ihnen an Liebe, Mitgefühl und Moral. Sie sehen sich selbst im anderen nicht, führen sich gegenseitig hinters Licht, anstatt gemeinsam ans Licht zu gehen und zu lernen, einander besser zu verstehen. Sie haben Verstand, doch sie mißbrauchen ihn, um die Welt mit Not und Verderben zu überziehen. Die Gier des Menschen nach Macht und Geld zerstört seine innere und äußere Welt. Die Liebe könnte beide Welten retten, doch ich würde nicht auf ihren Sieg wetten. Warum

kann der Mensch den Lebenssinn nicht sehen? Was muß noch geschehen, ehe er sich von den toten Dingen abwendet, ins wirkliche Leben geht und eine gute Zukunft sät?"
Der Einsiedler schüttelte den Kopf und fuhr fort: „Wir sind mit unserer eigenen Zukunft zahlende Passagiere auf einem Schiff im Meer der Zeit, dessen Kapitän und Offiziere uns mit schlecht getarnter Oberflächlichkeit navigieren. Sie beteuern, uns gewissenhaft zu führen, ohne wirklich zu wissen wohin, ohne uns den eigentlichen Sinn der Reise zu nennen, geschweige denn, ihre Unwissenheit zu bekennen. Und wir, warum meutern wir nicht? Was verdunkelt unsere Sicht? Geht es denn nicht um unser Leben? Ist keine Liebe mehr an Bord, kein Mut, kein Glück? Ist keine Kraft, kein Weitblick dort, kein erlösender Funke, der überspringt und einen neuen Kurs erzwingt? Ich lebe hier allein, weil ich die Menschen gut entbehren kann. Mehr noch: Ich bin froh, daß ich sie los bin! Sie machen groben Unsinn aus dem Sinn, zu einer Hetzjagd pervertieren sie das Sein, zu einem irren Tanz ums goldene Kalb, zu einem Wahn. Sie hasten keuchend hinter Geld und Gütern her und verehren und begehren sie so sehr, daß sie nichts anderes mehr sehen – und glauben tatsächlich noch, das Leben zu verstehen!"
Der Eremit lachte bitter und sagte: „Die Menschen werden für ihren Wahnsinn büßen müssen, sie werden für ihn bezahlen mit Leiden, Nöten und Qualen. Sie werden sich noch selbst verfluchen und, notgedrungen, einen Ausweg suchen, der sie ins Wesentliche führt – denn im Grunde

haben sie sich nur verirrt. Letzte Nacht träumte ich vom Tod. Ich teilte mit ihm Wasser und Brot, wir sprachen über Gott und die Welt, und er hat mir Erstaunliches erzählt. Ich fragte ihn, was er von den Menschen halte. Er lachte, daß es nur so schallte, ein Lachen voller Spott und Hohn über den Stolz der Menschheit, die sogenannte Zivilisation – Barbarei in gebügeltem Kleid!"

„Beantwortet hast du die erste meiner Fragen", entgegnete ich. „Kannst du mir auch noch sagen, wie du es vermagst, ohne Liebe zu leben, nach der doch alle Menschen irgendwie streben? Sehnst du dich nicht manchmal nach Geborgenheit und Zärtlichkeit in deiner selbstgewählten Einsamkeit?"

„Von diesem Bedürfnis habe ich mich befreit und es bis heute nicht bereut. Was hält Paare denn wirklich zusammen? Nicht Liebeslust und Liebesleid, sondern vielmehr die Gewohnheit! Gewohnheit läßt allmählich alles erlahmen, sogar den Willen, unser Leben in Freiheit zu entfalten. Sie läßt alles Schöne, Starke in uns erkalten – Gefühle, Träume, Leidenschaft. Sie ist eine verheerende Kraft. Doch statt sie zu hassen wie die Pest, halten die Menschen beharrlich an ihr fest, denn mehr noch fürchten sie die Freiheit. Sie opfern der Gewohnheit ihre Lebenszeit, weil das Neue ihnen angst macht, selbst dann noch, wenn es sie anlacht! Sie suchen nach dem Sinn in der Sinnlosigkeit und murmeln im Schlaf das Wort Freiheit. Ja, das können sie, von ihr träumen, während sie Freiheit zu leben versäumen. Und wenn sie dann sterben müssen, wehren sie sich mit Händen und

Füßen, weil sie in ihrer letzten Stunde verstehen, daß sie gar nicht gelebt haben. Doch der Tod hat kein Einsehen, der Menschen Erkenntnis kommt zu spät: Sie sterben und werden begraben mit den üblichen Worten der Pietät. Du hast mir deine Fragen gestellt, ich habe dir meine Antworten gegeben. Nun kehre zurück in deine Welt und störe nicht länger mein Einsiedlerleben!"

„Sag mir zum Abschied nur noch eins", bat ich, „beherrscht die Gewohnheit nicht auch dich? Bist du nicht auf deine Art ebenso unfrei wie andere in ihrem Alltagseinerlei? Bist nicht auch du gefangen, und sei es nur in dem Verlangen, in Abgeschiedenheit zu leben?"

Der Eremit sah mich ernst an. „Ich will dir auch darauf eine Antwort geben. Die meisten Menschen leben in inneren Ketten, doch es ist möglich, sich aus ihnen zu retten! Freiheit ist eine Wirklichkeit, kein leerer Wahn. Sie zu erreichen, ist allerdings sehr schwer. Wer sie erreicht hat, begehrt sie nicht mehr, denn sie befreit auch von dem Verlangen nach ihr. Ich stehe als freier Mann vor dir; behalte mich als solchen im Gedächtnis. Ich wurde geboren, um frei zu leben, nicht als Rädchen in einem Getriebe. Freiheit ist meine größte Liebe. Sie kann mir so viel Freude geben! Eins will ich dir noch sagen: Warum kommst du zu mir mit deinen Fragen? Suchst du den Sinn des Lebens, suche dich! Nur was du in dir selbst findest, ist wesentlich. Richte deine tiefste Frage an dich allein – dann wirst du eines Tages ihre Antwort sein!"

„Komm, wir gehen jetzt ins Wachsfigurenkabinett!" sagte Anima. „Dort sitzen und stehen hochberühmte Verstorbene herum, die solltest du dir unbedingt ansehen! Eigentlich sind sie stumm; du mußt sie nur mit dem Wunschkristall antippen und ihrer Eitelkeit ein bißchen Nahrung geben – das öffnet ihre Wachslippen und ruft sie kurz zurück ins Leben. Sie werden dir Rede und Antwort stehen."

Ich fragte mich nicht mehr, woher Anima all dies wußte. Sie war ein Mädchen, fast noch ein Kind. Doch sie sah so viel! Sie war so weise, wie nur Kinder es manchmal sind. Mit ihr war alles ein faszinierendes Spiel.

Das Wachsfigurenkabinett war imposant. In einem herrschaftlichen Saal saß und stand die höchste Prominenz der Menschheit, zur Besichtigung allzeit bereit. In gebieterischer Haltung posierte Napoleon. Cäsar regierte hochmütig auf seinem Thron. Neben ihm lächelte die Königin vom Nil, verkörperte ästhetisch majestätischen Stil. Gauguin, van Gogh und Dalì sah ich. Auch Kant, Freud und Nietzsche gaben sich ein Stelldichein in dem illustren Reigen, von Mahatma Gandhi ganz zu schweigen. Beethoven stand gestikulierend neben dem verträumten Mahler und dem lachenden Mozart. Marylin Monroe saß mit Humphrey Bogart in einem Ruderboot.

Und ich wußte, was ich die hochberühmten Toten fragen würde: Wie ist er eigentlich, der Tod?

Dann entdeckte ich Arthur Schopenhauer. In seinen klugen Philosophenaugen glänzte Trauer über die Flüchtigkeit des Lebens, die Nichtigkeit allen menschlichen Strebens.

Dieser Mann interessierte mich, er war ein ganz besonderer Fall; also berührte ich ihn mit dem Wunschkristall und sagte meine Schmeichelstrophen: „Arthur Schopenhauer, du bist einer der größten Philosophen aller Kulturen und Zeiten, ein Meister der Lebensweisheiten. Du hast das Leben nicht sonderlich geliebt und oft betont, daß es uns weniger gibt, als es uns nimmt. Meinst du noch immer, daß diese Einsicht stimmt? Könntest du noch einmal leben, was würdest du tun: das Leben wählen oder weiter im kalten Grab ruhen?"

„Leben ist nur ein anderes Wort für Leiden", sagte Schopenhauer, „also ist es ratsam, es zu vermeiden. Was soll ich dir über den Tod sagen? Es gibt genug Gründe, auch über ihn zu klagen. Er raubt uns alles, was wir für wirklich halten, kaltblütig läßt er unser Blut erkalten. Und dennoch – im großen und ganzen gefällt der Tod mir besser als das Leben, dieses eitle, leidvolle, zu endlosem Scheitern verurteilte Streben! Komm, junger Freund, komm zu mir! Ich zeige dir, wodurch der Tod besticht!"

Schopenhauer streckte mir die Hand entgegen, doch ich ergriff sie nicht.

Einige Schritte weiter stand Goethe, ein würdevoller, stattlicher Mann. Mit wohlüberlegten Worten sprach ich ihn an: „Du giltst als bedeutender Denker und Dichter, als eins der hellsten Lichter am Firmament der Genies. Sag du mir, ist der Tod bitter oder süß? Ist er ein tiefer, angenehmer Schlummer oder, wie das Leben, durchwachsen von Kummer?"

„Ich hatte gehofft, daß der Tod", antwortete er, „mir neue Erkenntnis bringt über des Lebens Freude und Not und meine unendliche Wißbegier endlich bezwingt. Da steh ich nun, ich armer Tor, und bin so klug als wie zuvor! Das Leben ist flüchtig, drum presse den Saft aus seinen köstlichsten Früchten mit ganzer Kraft. Carpe diem! Nutze die Zeit, die dir verbleibt, bevor der Sensenmann dich entleibt! Denn ohne Körper sind alle Genüsse leider nur platonisch – keine Umarmungen mehr, keine Küsse!"

„Welch hohe Wahrheit", antwortete ich ironisch. „Hast gerade du mir nichts Besseres zu sagen?"

Der Dichterfürst lachte. „Gib mir Bedenkzeit, ich höre dich nur ungern klagen. Warte – wie gefällt dir das: Untrennbar ist das Sein vom Schein. Das hat doch was! Und richtig ist es obendrein, denn die Wahrheit hat einen Januskopf. Sie schmort mit dem Irrtum in einem Topf. Essen mußt du von beidem, so ist nun mal das Leben."

„Aber es muß doch einen Weg geben, die Wahrheit vom Irrtum zu unterscheiden!"

„Muß es das?" fragte er. „Du machst mir Spaß! Ich habe mir oft genug den Kopf darüber zerbrochen, habe die höchsten Gedankensprünge gewagt, bin schwer wie ein Stein versunken in tiefste Grübelei und fand schließlich heraus: Es ist einerlei, ob man das Wahre oder Falsche sagt – beidem wird widersprochen."

„Damit kann ich mich nicht abfinden", sagte ich. „Ich will die Wahrheit ergründen, der niemand zu widersprechen wagt, weil sie jedem das Seine sagt."

„Diese Wahrheit ergründest du nie! Unergründlich bleibt sie selbst dem Genie. Meine lange Suche brachte zutage: Die Wahrheit gleicht einer Waage, deren Schalen man nach Belieben zurechtrücken kann. Wahrheit ist nie absolut, sie ist ein wandelbares Gut."

„Und was ist die Liebe?" fragte ich.

„Die Liebe, auch die wahre, ist keine Wahrheit, sie ist ein unbeschreibliches Gefühl, ein faszinierendes, unwiderstehliches Spiel", erwiderte Goethe. „Im besten Fall ist sie beglückende Magie, im schlimmsten macht sie den Menschen zum Vieh. Liebe ist wie Luft in unserer Hand, unfaßbar für den Verstand. Und wenn sie geht, kann nichts sie halten. Wer sie versteht, der läßt sie ungehindert walten. Dies wäre die wahre Liebe: die immer und immer sich gleich bliebe – einerlei, ob man alles für sie wagt oder ihr alles versagt. Die Frage ist nur, ob es sie gibt – ob ein Mensch auf der Welt lebt, der so liebt. Liebe kann uns zu Himmel und Hölle leiten, doch die Wahrheit aller Wahrheiten hält sie nicht für uns bereit – nur maßloses Glück und maßloses Leid."

Ich blickte impulsiv in den Wunschkristall hinein – denn schöner als je zuvor glänzte sein Regenbogenschein.

Plötzlich hörte ich eine zarte Stimme, die aus seinem Inneren kam und mir mit ihren Worten den Atem nahm: „Suchst du die höchste aller Wahrheiten, laß dich von deiner Sehnsucht zu ihr leiten! Mach dich auf einen langen Weg gefaßt, gehe ihn aber ohne jede Hast! Gehe ihn, ohne dich zu beklagen, wenn er dunkel und beschwerlich wird und dich vermeintlich in die Irre führt. Wer gewinnen will, der muß wagen. Du mußt dein Ziel in deiner Seele spüren, dann wird sie dich durch jede Wirrnis führen! Bedenke: Der Reichtum des Nehmens und Gebens liegt in der Tiefe des Erlebens. Das Geheimnis des Glücks liegt in der Innigkeit des Augenblicks. Du suchst den höchsten Sinn? Es gibt keinen höheren Sinn auf Erden, als tief zu lieben und geliebt zu werden. Zwei Menschen, die sich in reiner Liebe verbinden, werden sich selbst und die Wahrheit finden, die ihre Sehnsüchte stillt und ihre Seelen mit Seligkeit füllt."

Beglückt küßte ich den Wunschkristall.

Dann ging ich weiter und erkannte Shakespeare, da Vinci und Dante. Ich sah Marcel Proust, der seine Romane im Bett schrieb, und Friedrich Schiller, dem zu wenig Zeit blieb, sein Werk zu vollenden. An wen sollte ich mich noch wenden? Vielleicht an Friedrich den Großen? Oder an Ludwig, den Sonnenkönig der Franzosen? Nein, die Monarchen interessierten mich wenig. Was hatte er schon zu sagen, so ein König?

Eine ganz andere Figur erweckte mein Interesse: der empfindsame Dichter Hermann Hesse. „Ich las deine Bücher als junger Mann", sprach ich den Schriftsteller an, „sie haben mich nachhaltig berührt und auf einen guten Weg geführt."

„Ich danke dir für deinen Dank. Das Leben ist kurz, die Kunst ist lang. Es freut mich, daß ich dir helfen konnte, als das Licht meiner Kunst dein Gemüt besonnte", erwiderte

Hesse und lächelte freundlich. „Doch nun, bitte, entschuldige mich. Gönne mir meinen Frieden und sieh dich nur weiter um. Ich mag posthum keine Worte mehr schmieden."

Fast wäre ich achtungsvoll weitergegangen, da zwang mich ein unwiderstehliches Verlangen, noch eine Frage an den Dichter zu wagen: „Sag mir: Wie ist es, tot zu sein? Schone mich nicht, schenke mir reinen Wein ein!"

Er sah mich nachdenklich an und erklärte dann: „Mit Worten ist es schwer zu sagen. Wir Menschen sind im Leben schon einsame Wanderer. Für jeden von uns ist auch der Tod ein anderer, er ist eines jeden Lebens Frucht. Für mich war er das wahre Ziel meiner Sehnsucht. Er riß der Zeit die Maske vom Gesicht und tauchte mich tief in das ewige Licht. Mein Körper ist verblichen, zu Staub zerfällt mein Gebein, doch mein Geist stimmt ein ins Lachen der Unsterblichen. Ich mußte so lange hoffen und warten auf Einlaß in den Sternengarten jenseits der Grenzen der Zeit, und nur mein Heimweh gab mir das Geleit. Was der Tod für dich sein wird, steht dahin; es hängt ganz von deinem Leben ab, seiner Tiefe, seiner Schönheit, seinem Sinn."

„Dies ist der Palast der Glücklichen!" sagte Anima, während ich seine goldene, im Sonnenlicht glänzende Fassade bewundernd ansah. Lange blieb ich vor dem von blühenden Gärten umgebenen Palast stehen; noch nie hatte ich ein so wunderbares Bauwerk gesehen.

Wir gingen durch das offene, hohe Portal aus kunstvoll gefertigtem Palisander und betraten einen prächtigen Saal, den große, üppig blühende Pflanzen zierten. Zahlreiche Türen reihten sich hier aneinander; ich fragte mich, wohin sie wohl führten.

„Hinter jeder Tür", erklärte Anima mir, als habe sie meine Gedanken gelesen, „wohnt ein glücklicher Mensch oder auch zwei. Wo du anklopfst, ist also gewissermaßen einerlei: Nur Glückliche leben in diesem Palast – wie lange, weiß nur ihr Glück. Endet ihre Seligkeit, zieht es sie unweigerlich wieder in die Welt zurück."

„Hier möchte ich liebend gern wohnen", sagte ich zu Anima. „Schade, daß ich mir mit dem Wunschkristall selbst nichts wünschen kann." Dann ging ich zur erstbesten Tür und klopfte an.

Es öffnete ein junger Mann, der Anima und mich herzlich willkommen hieß. Etwas in ihm strahlte wie eine Sonne, ansteckend war seine Daseinswonne. Er bat uns freundlich hinein und ließ uns seine Gäste sein.

„Ich lebe hier im Paradies", schwärmte er, „und fühle mich wie neugeboren. Lange Zeit war ich sterbenskrank und hätte um ein Haar mein Leben verloren. Nun glühe ich vor Freude und Dank, unverhofft gesundet zu sein. Wasser schmeckt mir wie köstlicher Wein. Die Krankheit hatte mir alle Hoffnung genommen. Jetzt umarme ich dankbar jeden Augenblick. Sein Leben noch einmal geschenkt zu

bekommen – gibt es ein größeres Glück?"
„Das Glück hat dich in dieses Haus eingeladen, doch jedes Glück hängt an einem seidenen Faden. Hast du nicht Angst davor, daß es sich verliert, wenn deine Genesung dir selbstverständlich wird?"
Er sah mich an, als hätte ich falsch gefragt. „Diese Angst habe ich mir strikt untersagt, denn mit ihr würde ich mein Glück nur verkürzen. Glück muß man mit der Hoffnung würzen, daß es niemals vergehen wird, auch wenn man das Gegenteil weiß oder spürt; so kann es sich am schönsten entfalten und bleibt uns am längsten erhalten. Manchmal klingt die Wahrheit wie purer Hohn: Glück tanzt am längsten zur Musik der Illusion. Beschwerst du es mit Klagen über seine Vergänglichkeit, minderst du seine Kraft und seinen Wert; es wird dir Lebewohl sagen vor seiner eigentlichen Abschiedszeit. Und wer weiß, ob es jemals wiederkehrt? Es bedarf keiner Zauberei, das Glück flüchtig zu berühren. Willst du es lange in dir spüren, sei schwindelfrei! Ein herrliches Schweben ist die Glückseligkeit hoch über dem allgemeinen Kummer und Leid. Der Blick hinunter kann furchterregend sein – er flößt dir mitunter Angst ein, doch du darfst sie auf keinen Fall schlucken, mußt sie sofort ausspucken wie eine schlechte Medizin, sonst wird das Glück dich fliehen: Du wirst deine Schwerelosigkeit verlieren und dich im Alltagslabyrinth verirren. Glück ist das wahre Leben, der Seele allerschönstes Fest! Es kann dir so viel Freude und Entzücken geben, daß du es ohne Klage ziehen läßt, wenn seine Zeit gekommen ist und es dich zum

Abschied küßt. Du bietest ihm lächelnd die Wange!"
Beeindruckt schwieg ich lange. „Deine Worte haben mir viel gegeben, sie sind wichtig. Sag mir nur noch eins: Ist es richtig, sehnsüchtig nach dem Glück zu streben, oder kommt es gerade zu denen, die sich nicht nach ihm sehnen?"

Der Glückliche lachte mir ins Gesicht. „Offen gestanden, ich weiß es nicht. Es kommt wohl zu denen, die es verdienen, die es anziehen, und schenkt sich ihnen. Womit man sich Glück verdienen kann, weiß sicherlich nur ein Scharlatan. Mich hat es belohnt für langes, schweres Leid. Vielleicht folgt es einer höheren Gerechtigkeit? Vielleicht gleicht es auch nur dem Schmetterling, der wahllos von Blüte zu Blüte fliegt und jedem flüchtigen Reiz erliegt. Welchem Sinn es auch immer gehorchen mag – es führt uns in ein magisches Reich, erleuchtet unsere Nacht, verzaubert unseren Tag."

Wie beschwingt waren seine Worte gewesen! Der junge Mann war weit mehr als nur genesen: Seine Seele hatte ihre Flügel ausgebreitet. Wie gern hätte ich sie auf ihrem Höhenflug begleitet!

Lächelnd ließen wir ihn mit seinem Glück allein. Mochte er noch lange so selig sein!

Wieder im Saal sahen wir ein Paar, das auf dem Weg zum Ausgang war. Draußen wandten sie sich zu dem Palast um, blickten zurück, bedrückt und stumm.

Mich rührte ihr sprachloses Klagen, sie taten mir leid; also ging ich zu ihnen, um sie nach dem Grund ihrer Traurigkeit zu fragen. Sie blickten zu Boden und antworteten nicht.

Die Frau hob schließlich ihr Gesicht. „Wir trauern, weil wir von hier fortgehen müssen, als sollten wir nun für unsere Liebe büßen. Wir glaubten, unser Glück würde nie enden. Jetzt stehen wir da mit leeren Händen. Unsere Liebe war einmal tief wie das Meer. Wer so geliebt hat, dem fällt es unsagbar schwer, von seinem Glück Abschied zu nehmen, weil tausend schöne Erinnerungen ihn lähmen. Brannte unser Freudenfeuer ein Jahr, einen Tag oder nur eine Stunde? Wo einst heller Liebeszauber war, klafft jetzt eine dunkle Wunde, ein kaltes Nichts, eine Verhöhnung des warmen Lichts, in dem wir unsere schönste Lebenszeit genossen. Der Zauber ist verflossen, und wir wissen nicht einmal, warum. Die Liebe weiß auf vieles eine Antwort, doch fragt man sie: ‚Warum gehst du fort?', bleibt sie stumm. Ich würde alles dafür geben, unser vergangenes Glück noch einmal zu erleben! Doch wir müssen uns in unser Los schicken."
Der Mann bekräftigte ihre Worte mit einem resignierten Nicken.
Ich nahm den Wunschkristall in die Hand. „Dieser Kristall stammt aus dem Wunderland", sagte ich zu der Frau. „Er kann Wünsche erfüllen und die tiefsten Sehnsüchte stillen. Du brauchst ihn nur aufzufangen. Wirf ihn mir dann sofort zurück – und dein Verlangen wird augenblicklich Wirklichkeit. Seid ihr bereit?"
Die beiden tauschten einen hoffnungsvollen Blick.
„Ja!" sagte der Mann, „zu jeder Zeit!"
Ich warf den Kristall und wünschte das Paar zurück in seine wunderbare Vergangenheit. Die Frau fing ihn auf und

warf mir im Nu den Kristall wieder zu, bevor sie und der Mann vor unseren Augen verschwanden – und als Verliebte wieder auferstanden, irgendwo flußaufwärts im Strom der Zeit, auf der Höhe ihrer alten, neuen Glückseligkeit.

Plötzlich gingen Clowns auf Stelzen vorbei und riefen aus Leibeskräften: „Leute, laßt ab von euren Spielen und Geschäften! Sie sind ein fader Brei gegen das, was euch bevorsteht, wenn ihr uns bitte hinterhergeht. Besucht den Phantastischen Zirkus! Unsere Darbietung ist für jeden ein Muß, eine spezielle Sensation. Kommt, Leute, folgt uns schon! Gleich wird es heißen: Manege frei!"
Viele Menschen strömten herbei, ließen alles liegen und stehen, um die Vorstellung zu sehen. Auch Anima und ich folgten den Clowns ins Zirkuszelt.
Ein Pierrot führte uns zu unseren Plätzen. „Ich bitte die Herrschaften, sich zu setzen. Die Vorstellung beginnt sofort. Sie macht die Manege zu einem Ort, wo der Mensch sich gespiegelt sieht und erkennt, was ihm noch blüht!"
Die Beleuchtung verlosch, es wurde still. Ein violettes Punktlicht fiel auf einen Mann mit Frack und Zylinder. „Liebe Frauen, Männer und Kinder", rief er und breitete die Arme aus, „seid alle willkommen in unserem magischen Haus! Es ist zwar nur ein Zirkuszelt, doch es enthält die ganze Welt. Also Augen und Ohren auf! Geschehen, nimm deinen Lauf!"
In die Manege watschelte ein Seehund, auf der Schnauze

einen Ball, glänzend und bunt. Er stieß den Ball hoch in die Luft, wo er ohne erkennbaren Grund hängen blieb, wie ein Ballon an einem unsichtbaren Faden.

Nun erschien ein Mann, offensichtlich ein übler Schuft. Verstohlen wie ein Dieb schlich er ins Zirkusrund und begann, eine Pistole zu laden. Dann schoß er auf den schwebenden Ball. Mit einem Knall zerplatzte er und fiel in Fetzen auf den Boden.

Einen Fetzen nach dem anderen fing der Seehund mit seiner Schnauze auf und spie dann alle Teile als heilen Ball wieder aus. Das Tier erhielt begeisterten Applaus, nur nicht von dem Bösewicht; ihm gefiel das tolle Kunststück nicht.

Plötzlich begann der Ball, sich schnell aufzublähen und sich dabei langsam um seine eigene Achse zu drehen. Schon war er fast so groß wie ein Haus und sah jetzt wie ein riesenhafter Globus aus.

Der Seehund robbte kurzerhand in den Atlantik – und verschwand. Der Schuft schäumte nun vor Wut, schoß immer wieder auf den Erdball und schrie dabei: „Ich schieße dich zu Brei! Ich kriege dich schon klein!"

Es folgte Knall auf Knall. Kugeln schlugen überall ein. Aus den Einschußlöchern im Erdball strömte roter Saft.

Bald schon stand der Schuft bis zu den Knöcheln darin. Er begann, wie ein Kobold im Blut der Welt umherzuspringen und immer aufs neue die Verse zu singen: „Denn alles, was entsteht, ist wert, daß es zugrunde geht!"

„Der Mann ist wahnsinnig", flüsterte Anima, als etwas Unerwartetes geschah: Der wild tanzende Bösewicht verlor plötzlich sein Gleichgewicht, fiel der Länge nach hin und lag von den Fersen bis zum Kinn in dem Blut, das die Welt verloren hatte. Er schrie laut auf und wirkte entsetzt, als habe er sich bei seinem Sturz verletzt.

Mit einem Schlag wurde das Weltblut weiß, wurde zu einem Gefängnis aus Eis.

„Hilfe!" rief der Mann nun jämmerlich ins atemlose Publikum. „Ich bin im Eis gefangen! Ich kann mich nicht mehr bewegen! Helft mir doch, sonst erfriere ich!"

Doch alle Menschen blieben stumm, niemand schien sich zu regen.

Da begann der Mann zu wimmern: „Will sich denn keiner um mich kümmern? Seht doch, ich bin hier festgefroren! Hört ihr denn nicht? Habt ihr Bohnen in den Ohren? Mit eurer Wärme könnt ihr mich befreien! Warum wollt ihr mir nicht verzeihen? Es war doch alles nur ein Spiel. Plötzlich ist Ernst daraus geworden. Hockt nicht so steif auf dem Gestühl! Oder wollt ihr mich ermorden?"

Eisiges Schweigen antwortete dem Mann.

Erneut flehte er das Publikum an, doch seine Bitten waren vergeblich. Sein Flehen wurde zu einem Lallen, dann ließ ihn seine Stimme im Stich. Es schien, als sei er in Ohnmacht gefallen. Völlige Stille herrschte im Zirkuszelt.

„Wir dürfen ihn doch nicht erfrieren lassen", rief jemand, „auch wenn wir alle ihn hassen! Haben wir ihn nicht lange genug gequält?"

„Fehl am Platz ist jedes Mitgefühl!" tönte die Antwort durch das Zeltrund. „Bitte störe nicht das Zirkusspiel!"
Urplötzlich glitt der Seehund wieder aus dem Atlantik hervor, robbte zu dem Erfrierenden und küßte ihn aufs Ohr, als habe er ihm seine Schandtaten verziehen. Das Eis löste sich in Luft auf, und auch der Schuft verschwand – wie fortgezaubert von magischer Hand.
Nun watschelte der Seehund zum Globus, gab auch ihm einen Kuß – und die Erdkugel war wieder ein bunter Ball auf der Schnauze des Seehundes in der Mitte des Manegenrundes! Das Tier ging noch eine Weile artistisch damit um und köpfte ihn schließlich ins Publikum.
Jetzt hob der Zirkusdirektor die Hände. „Unsere Vorstellung ist zu Ende! Sie hat euch die Geschichte erzählt von der mißhandelten, gequälten Welt. Wir hätten euch lieber zum Lachen gebracht als zum Schweigen, doch wir mußten euch etwas sehr Wichtiges zeigen. Niemand vergesse, was er soeben sah! Gebt gut acht auf unsere Welt. Laßt im Großen nicht geschehen, was hier im Kleinen geschah! Stirbt die Welt, sterben wir alle mit ihr. Auf Wiedersehen."

„Komm, gehen wir zu dem Konzert, das der Musiker gleich gibt – als Geschenk für jeden, der gute Musik liebt", sagte Anima zu mir. „Er wohnt nicht weit von hier."
Das Haus des Musikers war schneeweiß und stand umringt von blühenden Bäumen. Es wirkte wie ein kleines Schloß; sein Anblick lud ein zum Träumen.

Festlich gekleidete Menschen gingen mit edlen Getränken in den Händen durch die schönen Räume. Prächtige Gemälde hingen an den Wänden. Vorfreude verriet sich im Stimmenrauschen. Ich hörte Gläser klingen, sah viele Gäste ein Lächeln tauschen. Hohe Erwartung lag in der Luft. Durch offene Fenster strömte der Duft der blühenden Gartenbäume.

„Dies", sagte Anima mit glänzendem Blick, „ist der Saal der Musik! Hier wird der Meister gleich den Gästen seine neuen Kompositionen vorspielen. Seine Werke sind vom Allerbesten; niemand kann sie hören, ohne sie zu fühlen. Sie sind erfüllt von Tiefsinn, von Leidenschaft und Innigkeit. In ihrem Bann vergißt du Raum und Zeit. Dem Musiker zur Seite steht eine junge Sängerin, die seine Lieder erst zur Vollendung bringt. Es heißt, daß er sie liebt, weil sie wie keine andere singt!"

An einem weißen Flügel stand ein junger Mann und sah mich auf seltsame Weise an. Über die Stirn fiel ihm lockiges Haar. Ich spürte sofort, daß er der Musiker war. Die Sängerin war nirgendwo zu sehen.

Ich beschloß, zu dem Komponisten zu gehen und ihn ohne Umschweife zu fragen: „Kannst du mir sagen: Ist Musik ein magisches Spiel? Ist sie in Klänge gebanntes Gefühl, an dessen Fluß wir uns weiden, weil er der Seele Schönheit bringt? Ist sie ein Heilmittel gegen die Leiden, die das Leben uns aufzwingt?"

„Dies alles ist sie gewiß", erwiderte er, „doch sie ist noch viel mehr: ein unwiderstehlicher Zauberbann für jeden, der wirklich lauschen kann. Musik ist eine wahre Himmelsleiter, sei sie melancholisch oder heiter. Ich könnte ohne sie nicht leben, möchte sie nie und nimmer missen. Sie kann mir unendlich viel geben – Glück, Schönheit und tiefes Erbarmen. In ihrem Zauber könnte ich die ganze Welt umarmen und alle Menschen küssen! Musik erhebt jeden, der sie mit Hingabe hört. Doch genug der Worte, gleich beginnt das Konzert!"

Erwartungsvoll setzte ich mich mit Anima in die erste Reihe. Der Saal füllte sich in kurzer Zeit; die Gäste waren zu lauschen bereit.

Der Komponist nahm am Flügel Platz und senkte den Blick, stimmte sich ein auf sein erstes Stück. Schon nach den ersten Tönen wußte ich: Der Künstler komponierte meisterlich. Ohne Fehl und Tadel war auch sein Spiel, getragen von Virtuosität und Feingefühl.

Plötzlich betrat die Sängerin den Raum. Ich traute meinen Augen kaum – mein Herz blieb fast stehen. Eine solche Frau hatte ich nie zuvor gesehen! In ihrem Blick lag eine magische Glut. Sie bewegte sich voller Anmut; ihre Haare fielen weit auf ihr weißes Abendkleid. Ihr Gesicht war eine Augenweide.

Als sie zu singen begann, hielt ich den Atem an. Von Liebesleid und Liebesglück erzählten ihre Lieder. Ich verstand ihren Sinn und vergaß ihn gleich wieder, denn die Seele der Musik war die Stimme der Sängerin, warm wie Sonnenschein, weich wie Seide. Sie sang unvergleichlich, fast wie in Trance. Mühelos hielt sie die Balance zwischen Disziplin und Euphorie. Aus tiefstem Herzen verehrte ich sie, sah sie unentwegt wie verzaubert an und wußte, ich war ein verlorener Mann – verloren im Verlangen nach ihrer Schönheit, ihrer Nähe, ihrer Zärtlichkeit.

Sehnsucht durchströmte mich wie frisches Blut. Ich fühlte mich plötzlich so stark, so gut, als könnte mir alles gelingen. Wie konnte sie nur so wunderbar singen?

Da spürte ich Animas kleine Hand behutsam in meine gleiten. „Verliere nicht das Band, das uns vereint im Labyrinth der Zeiten", flüsterte sie und gab mir einen zärtlichen Kuß. „Gleich wird geschehen, was geschehen muß. Ich weiß, wir werden uns an einem anderen Ort wiedersehen."

Animas Worte hätten mich nachdenklich machen können, doch ich war bereit, mich von allem zu trennen, was ich kannte, was ich besaß. Mein Verlangen war ohne Maß. Ich hatte nur noch ein einziges Ansinnen: Ich mußte das Herz der Sängerin gewinnen! Ich kannte nur noch ein einziges Streben – mit ihr zusammen im Palast der Glücklichen zu leben!

„Ich schenke dir meinen magischen Wunschkristall als Dank für deinen wundervollen Gesang. Fang!" überstimmte ich den allgemeinen Applaus und zog den Kristall aus meiner Tasche heraus. Dann warf ich ihn der Sängerin in hohem Bogen entgegen und wünschte ihr leidenschaftlich, daß sie keinen Menschen mehr liebte als mich. Wie ein Freudenfeuer brannte mein Verlangen.

Ich sah sie schon die Arme instinktiv bewegen, um den Kristall aufzufangen, da schrie der Musiker durchdringend: „Nein!"
Er schrie, als ginge es um Sein oder Nichtsein, und es dämmerte mir: Mein Wunsch war selbstsüchtig und würde scheitern an seiner Liebe zu ihr.
Der Schrei erfüllte seinen Sinn. Die Sängerin konnte nicht umhin, sich erschreckt zu dem Komponisten umzuwenden. Der Wunschkristall entglitt ihren Händen, fiel zu meinem Entsetzen auf den Boden und rollte wie eine Murmel durch den Raum. Seine Zauberkraft war verloren – unabänderlich.
Ich erinnerte mich an die Worte der Seherin: „Manchen Gewinn erkauft man nur mit Verlust", doch ich war mir keines Gewinns bewußt.
Es war mir, als erwachte ich aus einem wunderbaren Traum. Ich sah, wie Anima auf den Kristall zulief, hörte noch, daß sie mir etwas zurief, was ich aber nicht mehr verstand, weil alles um mich herum schnell entschwand.

Eine Frau, ihr Gesicht war blaß, kniete neben mir im Gras. Neben ihr saß ein Mädchen, fast noch ein Kind. Die Hände lagen in ihrem Schoß, in ihren vollen Haaren spielte der Wind. Sie hatte ein feines Gesicht, ihre Augen leuchteten im Sonnenlicht.

„Gott sei Dank – Sie sind aufgewacht! Sie waren besinnungslos. Ich habe mir große Sorgen um Sie gemacht", sagte die Frau und sah mich erleichtert an. „Sind Sie unverletzt, junger Mann? Warum antworten sie nicht?"
Ich starrte in ihr bleiches Gesicht.
„Der Kristall fiel zu Boden – und alles verschwand", sagte ich.
Sie sah mich befremdet an und nahm meine Hand. „Hatten sie eine Halluzination? Sie sind im Augenblick noch etwas verwirrt, doch das wird sich bestimmt gleich geben. Meine Tochter verdankt Ihrer schnellen Reaktion ihr Wohlbefinden, vielleicht ihr Leben."
„Ich verstehe Sie nicht. Bitte – was ist passiert?"
„Ich ging mit meiner Tochter hier im Park spazieren. Auf einmal rannte sie in einem Nu wie ein Irrwisch auf den Radfahrweg zu. Sie ließ sich durch meine Rufe nicht beirren. Dann kamen Sie auf Ihrem Rad mit einem Mal um die Kurve dort. Sie sahen mein Mädchen sofort und rissen den Lenker herum. Ihr Vorderrad prallte gegen einen Holzpfahl. Ich war wie gelähmt und stumm und sah Sie über den Lenker ins Gras fliegen – dorthin, wo Sie jetzt liegen. Sind Sie wirklich unverletzt, junger Mann?"
Sie sah mich fürsorglich an.
Ich setzte mich auf und beruhigte sie: „Ich spüre nur einen leichten Schmerz am Knie."
„Mein Gott, wie erleichtert ich bin! Ich verstehe das Verhalten meiner Tochter nicht, es ergibt einfach keinen Sinn. Sie zeigte mir eben ein völlig neues Gesicht. Es sah so aus, als

liefe sie Ihnen absichtlich vor das Rad! Ich begreife nicht, warum sie das tat. Sag, Anima, warum hast du das getan? Wegen dir hätte sich dieser Mann um ein Haar unglücklich gemacht! Was hast du dir nur dabei gedacht?"

„Bitte – wie heißt Ihre Tochter?" fragte ich sie.

„Sie heißt Anne-Marie, aber wir alle nennen sie Anima. Ich möchte wissen, was eben mit ihr geschah. Sag, warum bist du diesem Mann vor sein Rad gerannt? Welche Verrücktheit hat dich bloß übermannt?"

Anima schien die Worte ihrer Mutter zu überhören, als könne sie jetzt nichts stören. Sie sah mir ins Gesicht – offen, lieb und voller Zuversicht. In ihren Blick kam auf einmal eine eigenartige Glut; ihr Glanz erinnerte mich an den Wunschkristall. Ich fühlte mich plötzlich so leicht, so gut, als würde etwas sehr Schönes zwischen Anima und mir geschehen – etwas, das nur die Augen des Herzens sehen. Phantastische Einsichten erhellten meinen Verstand. Ich nahm Animas Hand und fragte: „Wie lange war ich besinnungslos?"

Ihre Mutter antwortete: „Eine Minute bloß."

Ich starrte sie ungläubig an. War denn die Zeit nur Theater, Täuschung, Wahn? Spielte sie mit uns wie mit Schachfiguren, verhöhnte sie die Einfalt unserer Uhren?

„Sie sahen so glücklich aus, als Sie hier im Gras lagen", sagte die Frau, „als schwebten Sie in höheren Sphären. Können Sie mir das erklären?"

Ich erwiderte: „Im Moment wohl kaum. Erst muß ich verstehen, was mir geschah. Vielleicht hatte ich einen wunderbaren Traum, vielleicht war ich in einer anderen Wirklichkeit. Wunder geschehen hinter den Kulissen der Zeit! Diese Gewißheit verdanke ich Anima."

Die Frau wirkte verwirrt, als hätten meine Worte sie in dem Glauben beirrt, daß mir nicht geschehen sei.

„Ich reiste durchs Land der Seele, während mein Körper hier im Gras lag. Es kommt der Tag, an dem ich Ihnen alles erzähle."

Sie gab mir ihre Visitenkarte und sagte: „Ja, erzählen Sie es mir! Ich warte."

Als ich aufstand, öffnete Anima ihre linke Hand. Darin lag ein kugelförmiger Kristall, kaum größer als ein Golfball.

„Der gehört dir", sagte sie lächelnd und gab ihn mir.

„Das war es also!" rief ihre Mutter. „Diese Kugel lag auf dem Radfahrweg, nicht wahr?" fuhr sie fort und strich Anima über das Haar. „Sie glitzerte im Sonnenlicht wie ein Zauberball, und du bist auf sie zugelaufen, ohne nachzudenken. Wie lieb von dir, sie diesem jungen Mann zu schenken!"

Nutze deine Zeit

Gedichte

Nutze deine Zeit

Der Gedanke an deine Endlichkeit
sagt dir: Nutze deine Lebenszeit,
und zwar in vollen Zügen!
Laß dich niemals um sie betrügen,
gestalte sie mit Heiterkeit
und achtsamer Gelassenheit.
Schätze jeden einzelnen Tag!
Was immer er auch bringen mag:
Bringe ihm Offenheit entgegen,
laß dich von ihm bewegen!

Hör niemals auf, dich zu entdecken,
schlafendes Potential in dir zu wecken.
Laß dich nicht blenden von dem Schein.
Versuche immer, du selbst zu sein!
Laß dich von Trends nicht in die Irre leiten,
denn du mußt nicht auf jeder Welle reiten.

Zähl nur auf das, was wirklich zählt.
Wähle nur das, was auch dich wählt.

Was du nicht suchen kannst

Gib dich dem Augenblick hin –
dieses Geben ist zugleich Empfangen.
Laß dich nicht auf Gedanken ein,
sie können für sich selbst sorgen.
Genieße die innere Stille,
sie kann voller Schönheit und Frieden sein.
Geh aus der Zeit heraus,
es gibt ein Leben in der Zeitlosigkeit.
Laß dich sinken, immer tiefer sinken
auf den grundlosen Grund deiner Existenz.

Dort findest du alles,
was du nicht suchen kannst.

Freudensaat

Wenn Freude dich erfüllt,
laß dich ganz auf sie ein,
denn sie gibt dem Besten in dir
Glanz und Kraft und Leichtigkeit.

Geh nie an ihr vorbei,
laß sie nie an dir vorbeigehen.
Von ihr durchdrungen kannst du
das Leben mit besseren Augen sehen
und Saat für zukünftige Freude säen.

Suche die Stille

Suche die Stille, nimm sie in dich auf.
Fühle ihre tiefe, sanfte Pracht,
überlaß dich ihrem ruhigen Lauf –
und laß zu, was sie mit dir macht.

Die Stille ist viel tiefer, als sie scheint.
Erschließe sie dir Stück für Stück.
Was sie in sich vereint,
führt dich zu dir zurück.

Nimm den guten Augenblick wahr

Nimm den guten Augenblick wahr,
erkenne die günstige Gelegenheit,
ergreife die vielversprechende Chance,
laß sie nicht ungenutzt verstreichen,
unentdeckt und unerweckt vorbeigehen.

Ein gutes Leben ist eine lange Kette
von beherzt genutzten guten Chancen.

Tagesvorsätze

Entspannt und gelassen durch den Tag spazieren.
Den Ernst des Lebens mit Heiterkeit irritieren.
Nicht leichtfertig die Leichtigkeit verlieren.
Nach nichts streben oder gar gieren.
Die innere Schönheit des Lebens spüren,
sie kann stets aufs neue faszinieren.
Alle Arten von Geschwätz ignorieren,
vielleicht etwas Schönes kreieren.
Alle Chancen nutzen, uns zu amüsieren.
So laß uns den Tag zelebrieren.

Erfahrungen

Wir machen und sammeln Erfahrungen,
die uns prägen und verändern.
Unsere Vergangenheit schiebt sich vor
die Wahrnehmung unserer Gegenwart,
und so verpassen wir sie:
die einzige Zeit, in der wir leben können.
Wir können unsere Erfahrungen
nicht abwerfen wie Lasten,
die sie oft genug sind –
aber wir können sie
hinter uns zurücklassen.

In diesem Augenblick können wir
dem Leben in die Augen sehen,
als sei es das erste Mal.

Tausende von Leben

Guten Tag, neuer Tag!
Willkommen, neues Leben!
Um mich herum dieselben Wände,
dieselben Möbel, Gegenstände, Bilder,
doch in mir ein Neubeginn –

weil ich es so entschieden habe,
weil ich den Alltag entmachte,
weil ich verstanden habe,
daß man nie zweimal
in demselben Fluß schwimmt.

Was aussieht wie immer,
ist im Innersten wie nie zuvor.
Mit dieser Einsicht lassen sich
Tausende von Leben
in einem einzigen erschaffen.

Das Neue liegt in den Augen,
die bereit sind, es zu entdecken,
die sich dem Schlaf der Routine entziehen.

Die Sterne am Himmel

Geschichten

Die Sterne am Himmel

„Ich will mich von dir trennen", eröffnete er ihr unvermittelt, als sie am Küchentisch saßen. Sie wußte sofort, daß er es ernst meinte.

Schon zwei Jahre lang lebten sie in einer kleinen Wohnung im Dachgeschoß zusammen, die sie sich gemütlich eingerichtet hatten.

Sie spürte ihr Herz im Hals klopfen und atmete mehrmals tief durch, um sich zu beruhigen. Sie unterdrückte den Impuls, aufzustehen und wegzulaufen, wegzurennen von diesem Tisch, aus dieser Küche, vor diesen eiskalten Worten, die er ihr gesagt hatte, ohne ihr dabei ins Gesicht zu sehen.

„Warum?" fragte sie stattdessen.

„Es passiert nichts mehr zwischen uns. Es fühlt sich an wie ein ausgebranntes Feuerwerk. Da ist nur noch schwarzer Himmel."

„So ist das nun mal mit der Verliebtheit. Sie ist ein Feuerwerk, das früher oder später endet. Dann trennt man sich oder bleibt zusammen, weil etwas Wichtigeres nicht erloschen ist: die Liebe. Aber die scheint bei dir auch erloschen zu sein, oder?"

„Ich empfinde noch etwas für dich, aber ich weiß nicht, ob es Liebe ist oder nur liebe Gewohnheit."

„Und wann wirst du das wissen?"

Er zuckte mit den Schultern. „Vielleicht weiß ich es schon. Wenn man nicht mehr weiß, ob man jemanden noch liebt oder nur noch aus Gewohnheit mit ihm zusammen wohnt, deutet das wohl darauf hin, daß man ihn nicht mehr liebt. Liebe ist ein deutliches Gefühl."

„Vielleicht hast du mich nie geliebt, sondern nur die Liebe zwischen uns. Und sie erfüllt dich nicht mehr, weil sie den Reiz des Neuen verloren hat."

„Und wenn es so ist?" fragte er.

„Dann wirst du eine neue Liebe suchen und finden. Und nach ein, zwei Jahren wirst du mit deiner neuen Freundin am Küchentisch sitzen und ihr sagen, daß du dich von ihr trennen willst, weil nur noch dunkler Himmel zu sehen ist. Danach wirst du dir wieder und wieder ein neues Feuerwerk suchen, bis du so alt und reizlos geworden bist, daß sich niemand mehr in dich verliebt."

„Das sind ja schöne Aussichten!"

„Das Ende deines Lebens wirst du in Einsamkeit verbringen. Das ist der Preis, den jeder zahlen muß, der die Verliebtheit liebt und nicht die Liebe. Aber zählst du wirklich zu dieser Art von Menschen?"

„Ich werde es herausfinden."

„Ich wünsche dir viel Glück dabei", sagte sie.

„Glück wünsche ich dir auch. Und danke, daß du es mir so leicht machst."

„Reisende soll man nicht aufhalten", stellte sie fest.

„Und was wirst du in Zukunft machen?"

„Ich werde suchen. Und hoffentlich finde ich einen Mann, der bei mir bleibt, wenn das Feuerwerk der Verliebtheit abgebrannt ist und nur noch schwarzer Himmel zu sehen ist. Einen Mann, der die Sterne an diesem Himmel sieht."

Nicht im Angebot

Ein Ehepaar, das sehr viel Geld, aber sehr wenig Zeit hatte, betrat das beste Spielwarengeschäft der Stadt.
„Wir wollen etwas für unseren Sohn zum Geburtstag kaufen. Bitte zeigen Sie uns die beiden besten Geschenke, die Sie in Ihrem Angebot führen", forderte der Vater die Verkäuferin auf.
„Ich kann Ihnen die beiden teuersten zeigen, aber das müssen nicht unbedingt auch die besten für Ihren Sohn sein. Können Sie mir vielleicht etwas genauer sagen, was Sie suchen?"
„Wir suchen als erstes ein Geschenk", erklärte die Mutter, „das unseren Sohn vor Freude jauchzen läßt und ihm das Gefühl gibt, das am reichsten beschenkte Kind der Welt zu sein. Und dann ein zweites Geschenk, das ihm das Gefühl gibt, nie allein zu sein. Das ihn so fasziniert, daß er alles um sich herum vergißt und sich stundenlang damit beschäftigt. Kurzum, zwei Geschenke, die ihn nachhaltig glücklich machen."
„Ich kann Ihnen leider nicht helfen", sagte die Verkäuferin mit ernster Miene. „Liebe und Zeit haben wir nicht in unserem Angebot."

Der Reiche und der Bettler

Ein reicher Mann wurde auf einem Spaziergang von einem Bettler am Wegesrand um eine Gabe gebeten. Der Reiche tat so, als hätte er nichts gehört, und wollte an dem Bettler vorbeigehen, doch der stand auf und stellte sich ihm in den Weg.

„Laß mich auf der Stelle vorbei!" forderte der Reiche.

„Erst wenn du mir eine Erklärung dafür gibst, warum du mir ein Almosen verweigerst! Ich sehe dir doch an deiner Kleidung an, daß du wohlhabend bist! Zumindest an materiellen Gütern."

„Wenn ich allen Bettlern ein Almosen geben würde, wäre ich bald selber so arm, daß ich um Almosen betteln müßte."

„Das glaube ich nicht", widersprach der Bettler. „So viele Menschen werden dich schon nicht anbetteln, daß dein Vermögen darunter leidet."

Darauf wußte der Reiche keine Antwort.

„Ich war nicht immer ein Bettler", sagte der Arme. „Doch nachdem meine über alles geliebte Frau gestorben war, geriet ich völlig aus der Bahn. Ich konnte nicht mehr schlafen, nicht mehr arbeiten. Ich verlor meine Anstellung, verlor meine Freunde, verlor mein Interesse am Leben. Bis ich vor kurzem einer weisen Frau begegnete, die mir neuen Lebensmut schenkte. Sie hat mich viel Wertvolles gelehrt. Aber das Wertvollste von allem beginne ich erst jetzt zu verstehen."

„Und was ist das?"

„Daß man nur das behalten kann, was man verschenkt hat", sagte der Bettler.

Der Reiche ließ diese unlogisch wirkenden Worte eine Weile auf sich wirken. Schließlich nickte er, zog seinen Geldbeutel hervor und gab dem Bettler eine Geldsumme, die weit mehr als nur ein Almosen war.

Als der Bettler sich dafür bedankte, sagte der Reiche: „Bedanke dich nicht bei mir. Ich habe dir zu danken!"

Der Materialismus und der Idealismus

Zufällig begegnete der Materialismus dem Idealismus, aus dem er sich eigentlich nichts machte. Aber da er gute Laune hatte, grüßte er freundlich.

Der Idealismus erwiderte seinen Gruß und fragte: „Na, wie stehen deine Aktien?"

„Sehr gut. Ich habe vor einer Stunde einen großen Posten mit erheblichem Gewinn abgestoßen. Von dem Erlös kaufe ich mir eine neue Villa."

„Hast du nicht schon drei?"

„Nein, ich habe vier und werde mir eine fünfte kaufen. Und du? Lebst du immer noch in deiner kleinen Mansardenwohnung?"

„Ja, ich lebe noch immer dort. Die Miete ist günstig, und ich habe nicht viel Geld, wie du weißt."

„Wenn dir das genügt."

„Das genügt mir vollauf. Die Wohnung ist groß genug für mich. Und nachts brauche ich eh nur die zwei Quadratmeter meiner Matratze."

„Meine Matratzen messen vier Quadratmeter", erklärte der Materialismus. „Ich habe gern viel Platz, auch beim Schlafen. Schließlich will ich mir etwas gönnen für mein schwer verdientes Geld."

„Das verstehe ich gut. Denn Geld als solches ist ja ziemlich langweilig: kleine Scheine aus Papier oder Baumwolle, die machen nicht viel her."

„Sie mögen nicht viel hermachen, aber mit ihnen kann ich mir alles kaufen!"

„Nicht alles!" widersprach der Idealismus. „Mich zum Beispiel nicht."

„Du hast ja auch ein seltsames Wesen, das ich wohl nie verstehen werde."

„Ich bin nun mal an dem Unkäuflichen interessiert", sagte der Idealismus.

„Aber was hast du davon? Was du nicht kaufen kannst, das kannst du nicht besitzen. Und was du nicht besitzen kannst, das kannst du nicht genießen."

Der Idealismus widersprach: „Nur das, was mir geschenkt wird und was ich verschenke, macht mir Freude. Und wenn Schenken und Beschenktwerden eins sind, bin ich glücklich."

„Von welchen Geschenken sprichst du?"

„Von Zeit, Aufmerksamkeit und Zuneigung. Von Geduld, Verständnis und Mitgefühl. Von Vertrauen, Freundschaft und Liebe."

„Ich kann mir auch Zeit kaufen mit meinem Geld: die Zeit der Menschen, die für mich arbeiten. Ich kann mir ihre Aufmerksamkeit, ihr Verständnis, ihre Loyalität kaufen."

„Das mag mehr oder weniger zutreffen, aber du wirst dir nie Vertrauen, Freundschaft und Liebe kaufen können. Das sind unkäufliche Geschenke des Herzens."

„Ich will sie gar nicht haben!" erwiderte der Materialismus. „Der Mensch, der sie mir schenkt, kann sie mir auch wieder nehmen. Heute vertraut er mir, morgen entzieht er mir sein Vertrauen. Heute ist er mein Freund, morgen kündigt er mir seine Freundschaft auf. Heute liebt er mich, morgen verläßt er mich."

„Das kann geschehen", gestand der Idealismus zu. „Blumen verwelken. Aber solange sie blühen, genieße ich ihre Schönheit, und dadurch wird sie zu einem Teil von mir. Vertrauen, Freundschaft und Liebe können vergehen, aber so lange sie andauern, nehme ich sie tief in meine Seele auf, und dadurch werden sie zu einem Teil von mir. So werde ich innerlich immer reicher. Auch das, was ich verschenke, macht mich reicher. Vor allem das."

„Wie gesagt, ich werde dich nie verstehen. Du bist wirklich seltsam. Offen gesagt, manchmal denke ich, daß du verrückt bist."

„Offen gesagt, dasselbe denke ich manchmal auch über dich. Wir leben in grundverschiedenen Welten, da fällt es wohl schwer, Verständnis für den anderen zu haben."

Der Materialismus stimmte dem zu und erklärte, daß er sich jetzt verabschieden müsse, da er einen Termin mit einem Makler habe, über den er seine fünfte Villa kaufen wolle.

„Du weißt aber, daß du deine Villen und deine großen Matratzen nicht mit ins Grab nehmen kannst? Und du weißt auch, daß du noch fünfzig Jahre leben, aber auch schon morgen sterben könntest."

„Ja, das weiß ich. Der Tod ignoriert Geburtsurkunden."

„Also sind Besitztümer und Geld genauso unsicher wie Vertrauen, Liebe und Freundschaft", stellte der Idealismus fest.

„Nicht ganz so sehr", widersprach der Materialismus. „Denn der Tod kommt in der Regel erst im Alter, weshalb ich mein Vermögen und meinen Besitz jahrzehntelang genießen kann. Vertrauen, Liebe und Freundschaft dauern in der Regel nicht so lange wie ein ganzes Leben."

„Das stimmt", sagte der Idealismus. „Sie dauern in der Regel nicht so lange wie ein ganzes Leben. Wenn sie echt sind, dauern sie länger."

Zwei Seiten derselben Münze

In einem Traum begegnete eine junge, lebensfrohe Frau auf ihrem Weg durch ein Nebelfeld dem Tod, was ihr einen großen Schreck einjagte. Sie nahm ihre ganze Kraft und ihren ganzen Mut zusammen, um nicht fortzulaufen, sondern standzuhalten und den Tod zu fragen: „Warum begegnen wir uns? Das ist doch bestimmt kein Zufall, oder?"

„Es gibt keine Zufälle", antwortete der Tod mit kalter Stimme.

Die junge Frau unterdrückte ein Schluchzen. „Ich will nicht sterben. Ich hänge mit allen Fasern meines Wesens am Leben."

„So geht es den meisten Menschen. Und doch müssen sie alle sterben. Früher oder später."

„Macht es dir denn nicht zu schaffen, wenn du einem Kind das Leben nimmst?"

„Nein. Ob Greis, ob Kind, alles Leben verweht der Wind."

„Ich will nicht sterben", wiederholte die junge Frau. „Ich möchte noch so viel erleben, mein Lebensdurst ist so groß!"

„Das liegt an deiner Jugend. Wenn du alt geworden bist, wird dein Lebensdurst nicht mehr so groß sein. Falls du alt wirst."

„Wie alt werde ich denn?"

„Das kann ich dir nicht sagen. Vielleicht erlebst du deinen nächsten Geburtstag nicht mehr, vielleicht wirst du hundert Jahre alt."

Die Frau seufzte. „Du hast kein Herz. Wenn du mich holen mußt, dann bitte so spät wie möglich!"

„Auch diese Bitte kann ich dir nicht erfüllen. Ich hole jeden Menschen, wenn seine Stunde gekommen ist."

Die junge Frau begann vor Angst und Hilflosigkeit zu weinen. „Warum lebe ich überhaupt, wenn ich doch sterben muß?" schluchzte sie. „Warum liebe ich mein Leben so sehr, wenn es mir irgendwann genommen wird?"

„Weil alles so ist, wie es nun mal ist", erwiderte der Tod.

„Aber ich will nicht sterben!" flüsterte die junge Frau.

„Die Wiederholung dieser Worte wird dein Leben nicht um einen Tag verlängern", sagte der Tod. „Ich muß jetzt weiterziehen. Zum Abschied gebe ich dir einen Rat. Sträube dich nicht gegen deine Vergänglichkeit, söhne dich lieber mit ihr aus! Wer sich gegen mich wehrt, der wehrt sich gegen das Leben. Denn wie Tag und Nacht, wie Ebbe und Flut sind Leben und Tod zwei Seiten derselben Münze."

Finns Traum

Es war ein riesiges Zeltlager – eine große Stadt, in der es keine Häuser gab, sondern nur Zelte in allen erdenklichen Größen, Formen und Farben. Manche waren nicht viel größer als eine Hundehütte, andere erinnerten an prächtige Zirkuskuppeln.

Überall geschah etwas. Ein rauschendes Fest war in vollem Gang, das wohl so bald nicht enden würde. Die Menschen waren bunt gekleidet, manche waren maskiert, trugen exotische Kostüme und bewegten sich tanzend vorwärts. Andere hatten Musikinstrumente: Gitarren, Flöten, Saxophone, Klarinetten, Tamburine. Und obwohl jeder spielte, was ihm gerade so in den Sinn kam, klang es, als musizierte ein perfekt eingespieltes Orchester.

Es herrschte eine phantastische, anregende Atmosphäre. Die überall in der Luft schwebenden Wohlgerüche, die von orientalischen Parfüms, Duftölen oder Räucherstäbchen herrühren mochten, gaben auch der Nase, was die Augen und Ohren im Übermaß bekamen.

Und da war diese zierliche, kleine Frau, der Finn auf magische Weise immer wieder begegnete, wohin er auch kam. Sie hatte kurzes, braunes Haar, war ungeschminkt und spärlich bekleidet, so daß alle den Anblick ihrer reizvollen Gestalt genießen konnten.

Sie jedoch schien nur Augen für Finn zu haben. Und er fühlte sich so sehr von ihr angezogen, daß er sie am liebsten sofort in den Arm genommen hätte. Aber sie wirk-

te ein wenig scheu und schien unentschlossen, wenngleich es offensichtlich war, daß sie Gefallen an Finn gefunden hatte. Sie erlaubte, daß er sich ihr näherte und ihr Haar streichelte, und wich seinem Blick nicht aus, als er ihr in die Augen sah. Dann aber, als er sich umdrehte, weil jemand seinen Namen gerufen hatte, war sie von einem Moment auf den anderen verschwunden, als hätte sie sich in Luft aufgelöst.

Mela, Finns Freundin, lächelte etwas gezwungen. Finn wußte, daß ihr sein Interesse an der kleinen Frau nicht entgangen war. Er wollte ihr nicht weh tun. Eine Freude, die für Mela ein Schmerz war, konnte für ihn kein Genuß sein. Vor einem großen, bunten Zelt, in dem viele Menschen tanzten, sah er die kleine Frau wieder. Finn war außer sich vor Freude über die Wiederbegegnung und ging ohne Zögern auf sie zu. Als er ihr Gesicht so nah vor sich sah, daß sich ihre Nasenspitzen fast berührten, spürte er, wie sehr ihn diese Frau faszinierte. Er hätte die vollen Lippen, die wie eine unausgesprochene Einladung lächelten, gern geküßt, doch plötzlich mußte er an Mela denken. Er fragte sich, wo sie sein mochte.

Als hätte die kleine Frau seine Gedanken gelesen, zog sie ihren Kopf zurück, blickte nachdenklich auf ihre kleinen Hände – und der Zauber war zerstört.

Finn fand Mela in der Garderobe des Zeltes, in dem die Musiker und Bühnenartisten sich für ihre Auftritte zurechtmachten. Sie kauerte unter eine Tischplatte – wie ein kleines Mädchen, das Angst hatte.

Als Finn sich bückte und ihr ins Gesicht sah, lächelte sie unsicher. Er freute sich, sie gefunden zu haben, und schämte sich, daß sein Interesse an der kleinen Frau Mela dazu gebracht hatte, sich so klein zu machen.

Die leisesten *Worte*

Gedanken

Die leisesten Worte

Jede Seele hat eine Stimme.
Manchmal spricht sie klar und deutlich,
aber manchmal flüstert sie nur,
und du kannst ihre Worte nicht verstehen –
doch nicht, weil sie zu leise flüstert,
sondern weil deine Gedanken
und deine Gefühle zu laut sind.
Erst in völliger innerer Stille
hörst du, was sie dir sagen will.

Und ihre leisesten Worte
sind oft ihre wichtigsten.

Blickunterschiede

Ein zuversichtlicher Blick
reicht über den Horizont hinaus.

Ein pessimistischer Blick
ist seine eigene Mauer.

Einfach du selbst

Paß dich nicht an,
paß lieber auf dich auf!
Werde nie zu einem
Rädchen im Getriebe,
zu einem Fisch im Netz.
Verlasse den Tisch,
über den man dich ziehen will.
Sei einfach du selbst.

Erwarte nicht,
daß du dann allen gefällst.
Aber wenn du geliebt wirst,
kannst du dir sicher sein,
daß die Liebe wirklich dir gilt.

Dein Kurs

Es ist nicht schwer,
sich im Lebenslabyrinth zu verirren
und die Orientierung zu verlieren.
Ist das geschehen,
hilft am besten der Blick von oben,
die Hilfe der Vogelperspektive,
die du nur erreichst,
wenn du leicht genug bist,
vom Boden abzuheben
und über den Dingen zu schweben –

und sei es nur für eine Weile,
für einen kurzen Orientierungsflug,
nach dem du weißt, wo du stehst,
und ob die Richtung noch stimmt.

Mehr, als deiner Richtung zu folgen,
kannst du nicht tun,
denn es gibt keine Landkarte
für zukünftige Ereignisse,
es gibt nur einen Kurs –
deinen Kurs.

Der Gelassene

Der Gelassene empfindet sich
weder als wichtig noch als unwichtig.
Er weiß, er ist nur ein Wassertropfen
im grenzenlosen Meer des Lebens.
Es genügt ihm, das zu sein, was er ist.
Anerkennung und Ablehnung
ändern nicht sein Wesen und seinen Wert,
ziehen an ihm vorbei wie Wolken
am blauen Himmel seiner Seele.

Härten und Weichen

Manche Härten des Lebens
entstehen nur deshalb,
weil die Weichen des Lebenswegs
nicht richtig gestellt wurden.

Gratwanderung

Ein gut geführtes Leben
ist eine Wanderung
auf dem schmalen Grat der Kunst,
sich dort zu schützen,
wo man sich schützen muß,
und sich dort zu öffnen,
wo nur Offenheit
zum Glück führen kann.

Im Einklang

Lebe immer im Einklang
mit deiner eigenen Natur.
Wenn du nicht weißt,
was deine Natur ist,
entdecke, erkunde sie.

Wer sich nicht kennt,
wird sich in Unsicherheit verlieren,
der Herde folgen
und an seinem Lebenssinn,
den er erfüllen sollte,
wie ein Blinder vorbeigehen.

Nimm dein Leben persönlich

Nimm dein Leben persönlich,
denn du bist eine Person,
ein einmaliges Individuum
mit einem einzigartigen Leben,
das du auf die ihm gemäße Weise
erkennen, entfalten, verwirklichen mußt.

Es gibt kein echtes Leben von der Stange,
du mußt dir dein eigenes maßschneidern.
Dazu brauchst du Wissen über dich selbst,
über deine Sehnsüchte, Talente und Kräfte –
dann kann dein Lebensweg dein Lebensziel sein.

Nicht genug

Intelligenz ist nicht genug,
wenn Weisheit fehlt.

Zeit ist nicht genug,
wenn Liebe fehlt.

Wollen ist nicht genug,
wenn Handeln fehlt.

Ein Tauschhandel

Ein älterer Mann galt als der wohl größte Weise im ganzen Königreich. Er war arm und bescheiden und lebte allein in einer kleinen Holzhütte am Rand eines Dorfes.

Der König des Reiches hatte ihn durch einen Boten schon mehrmals in sein Schloß eingeladen, aber der Weise hatte nur gesagt, daß er sein Dorf nicht verlassen wolle.

Wäre er nicht der größte Weise in meinem Reich, würde ich ihn für seine Mißachtung meiner Einladungen bestrafen, dachte der König, aber vielleicht hat er ja einen guten Grund dafür, sie auszuschlagen.

Und so entschied er sich, der Redensart zu folgen, nach welcher der Berg zum Propheten kommen müsse, wenn der Prophet nicht zum Berg komme.

Schon am nächsten Tag klopfte der König an die Tür des Weisen.

„Oh, der König", sagte der überrascht, „welch unverhoffter Besuch! Mögt Ihr in meine bescheidene Hütte eintreten und ein Glas Wasser mit mir trinken?"

Der König setzte sich mit dem Weisen an einen mit Kerben und Kratzern übersäten Holztisch. „Warum hast du meine Einladungen in mein Schloß nicht angenommen?" eröffnete er das Gespräch.

„Ich verlasse schon seit vielen Jahren mein Dorf nicht mehr."

„Reizt es dich denn gar nicht, die Pracht meines Schlosses zu sehen?"

„Mir genügt es, die Pracht der Erde und des Himmels zu sehen."

„Du lebst in Armut", stellte der König fest.

„Das ist der Preis meiner Freiheit."

„Deine Kleidung ist abgetragen und sieht so aus, als würde sie bald auseinanderfallen."

„Alles fällt irgendwann auseinander, was einmal zusammengefügt wurde."

„Ist es wahr, daß du von den Gaben lebst, die Menschen in diesem Ort und in umliegenden Dörfern dir für deine Ratschläge überlassen?"

„Das ist wahr."

„Warum suchen sie deinen Rat?"

„Weil sie in Not sind, aus unterschiedlichen Gründen."

„Nenne mir einige!"

„Wenn ihnen Schwierigkeiten so sehr zu schaffen machen, daß sie weder ein noch aus wissen. Wenn ein harter Schicksalsschlag sie getroffen hat. Wenn sie einen Streit führen, der nicht enden will. Wenn sie darunter leiden, von ihrem Weg abgekommen zu sein, und Angst haben, ihn nicht mehr zu finden. Ich höre ihnen mit meiner Seele zu – und aus meiner Seele strömen Worte, die ihnen oft helfen, die ein Licht in ihnen entzünden. Dafür zeigen sie sich erkenntlich, jeder auf seine Weise."

„Kannst du allen helfen, die zu dir kommen?"

„Ich versuche es, aber es gelingt mir nicht immer. Manche Schicksalsschläge sind so hart, manche Irrwege so hoffnungslos, daß meine Seele keine Worte der Hilfe findet. Dann schweige ich. Es ist besser zu schweigen, als einem Menschen in Not seelenlose Worte zu sagen."

„Deine Hütte ist klein und alt. Warum arbeitest du nicht mehr? Dann könntest du dir eine größere und bessere Hütte leisten."

„Ich bin mit meiner Hütte ganz und gar zufrieden."

„Man sagt über dich, daß du ein weiser Mann bist. Bist du das?"

„Sagt man das?"

„Ja, es heißt, daß dein Lebenswissen tief ist und daß deine Ratschläge Gold wert sind. Deshalb bin ich zu dir gekommen. Ich wünsche mir einen weisen Ratgeber an meinem Hof. Meine drei engsten Berater sind klug und gebildet, sie können um sieben Ecken denken, aber sie sind nicht weise."

„Woran erkennst du, daß sie nicht weise sind?"

„Sie wetteifern ehrgeizig darum, als der beste Ratgeber in meinen Augen zu gelten. Dabei gebärden sie sich oft so wichtigtuerisch und theatralisch, daß es manchmal schon komisch wirkt. Ich glaube, ein Weiser wetteifert nicht und zeichnet sich durch Gelassenheit aus, er ist einzigartig und unersetzlich. Meine Berater gleichen einander in ihrer Art wie ein Ei dem anderen, und jeder von ihnen ist ersetzlich. Ich biete dir sechzig Goldmünzen pro Jahr für deine Dienste an. Das ist so viel, wie ich meinen drei engsten Beratern zusammen zahle."

„Euer Angebot ehrt mich. Doch ich muß es ablehnen."
„Aber warum denn?"
„Weil ich mich damit in Eure Dienste stellen und meine Freiheit verlieren würde."
„Was ist so schlecht daran, in einem Schloß zu leben?"
„Ich lebe lieber in meiner Hütte."
„Und wenn ich mein Angebot verdopple?"
„Meine Freiheit ist unbezahlbar."
Der König war verärgert und gleichzeitig beeindruckt. Jeder Mensch hat seinen Preis, dachte er und sagte: „Mein letztes Wort: Ich biete dir hundert Goldmünzen pro Jahr!"
„Und wenn Ihr mir alles Gold in Euren Schatzkammern bieten würdet, könnte ich nur wiederholen: Meine Freiheit ist unbezahlbar."
„Aber warum?"
Der Weise lächelte. „Weil sie der natürliche Zustand meiner Seele ist. Wenn ich meine Freiheit verkaufe, dann verkaufe ich meine Seele. Und nur ein Narr verkauft seine Seele, denn sie ist das Wertvollste, was ein Mensch hat."
„Warum ist deine Seele so wertvoll für dich?"
„Weil sie der Kern meines Wesens ist. Wenn ich diesen Kern verkaufe, mache ich mich zu einem hohlen Menschen. Nur ein Narr würde das tun."
Der König konnte trotz seiner Verärgerung nicht umhin, dem Weisen Respekt zu zollen: „Du bist ein standfester Mann. Zweifellos bist du aus einem anderen Holz geschnitzt als meine Ratgeber, Minister und Höflinge. Du schmeichelst mir nicht, buhlst nicht um meine Gunst,

sondern sagst, was du denkst. Und Reichtum, nach dem doch alle Menschen streben, führt dich nicht in Versuchung. Wie bist du zu dem geworden, der du bist?"

„Indem ich immer der Stimme meiner Seele folgte", sagte der Weise. „Ich wäre ein Narr gewesen, jemand anders zu werden als der, der ich bin."

„Wie hast du deine Weisheit erlangt? Oder läßt sich Weisheit nicht erlangen? Wird sie einem Menschen in die Wiege gelegt wie eine wunderschöne Gesangsstimme?"

„Ich kann Euch nur sagen, daß ich schon als junger Mann das Bedürfnis verspürte, durch die Oberfläche der Menschen und der Dinge hindurch zu sehen, um ihr eigentliches Wesen zu erkennen. Dieser Wunsch nach tiefster Einsicht hat mich wie ein treuer Freund durch mein Leben begleitet und die Wege gehen lassen, die meinem Wesen entsprachen."

„Und du bist nie einen Weg gegangen, der sich als falsch herausgestellt hat, den du bereuen mußtest?"

„Auf einigen Wegen wurde ich von Zweifeln befallen. Doch zurückblickend kann ich sagen, daß alle Wege, die ich gegangen bin, auch die schwierigsten, ihren Sinn und ihren Wert hatten. Bereut habe ich keinen von ihnen."

„Eins will ich dich noch fragen: Was siehst du, wenn du durch meine Oberfläche hindurch blickst?"

„Ich sehe einen Mann, der sich unter der Last einer großen Aufgabe Sorgen um das Heil seiner Seele macht."

Der König atmete tief durch und schaute dem Weisen nachdenklich in die Augen. „In gewisser Weise beneide ich dich", gestand er. „Du führst ein anspruchsloses Leben, aber es ist ganz und gar dein Leben. Mein Leben ist voller Reichtum, aber von früh bis spät liegen mir meine Berater und Minister in den Ohren und erwarten Entscheidungen und Verordnungen von mir. Unentwegt bin ich von Höflingen und Dienern umgeben. Alle lächeln untertänig und verbeugen sich vor mir, aber ich weiß nicht, was sie insgeheim über mich denken. Alle erweisen mir größte Ehrerbietung und Hochachtung, und doch fühle ich mich in ihrer Mitte oft seltsam allein. Im Gespräch mit dir habe ich mich nicht allein gefühlt."

Der König erhob sich von dem Holzschemel. „Vor der Tür warten meine Kutsche und meine Leibgarde, um mich zurück in mein Schloß zu bringen, wo ich mich manchmal wie der Gefangene meiner eigenen Macht fühle. In deiner Nähe fühle ich mich auf unerklärliche Weise frei."

Der König griff in eine Tasche seiner edelsteinbesetzten Jacke, zog einen roten Samtbeutel daraus hervor und legte ihn auf den Tisch. „Darin sind zwanzig Goldmünzen. Ich schenke sie dir und erwarte dafür keine Gegenleistung."

„Das ist ein zu großes Geschenk", sagte der Weise.

„Nein, es ist ein Tauschhandel", erklärte der König. „Ich gebe dir ein kleines Stück von meinem Reichtum für ein kleines Stück von deinem Reichtum."

Bis es mir *klar* wurde

Gedichte

Bis es mir klar wurde

Ich habe lange nicht verstanden,
daß ein Mensch,
innerlich so reich wie du,
so bescheiden ist –

bis mir klar wurde,
daß deine Bescheidenheit
ein Teil deines Reichtums ist.

Freundlichkeit

Den ehrlich Freundlichen halten
viele für schwach und beschränkt,
weil er soviel von sich verschenkt.
Doch er läßt weiterhin Freundlichkeit walten.

In seinem Schenken sieht er Sinn.
Mangelnde Wertschätzung nimmt er hin.
Er zählt zu einer bedrohten Art,
denn die Realität macht Menschen hart –

und Freundlichkeit ist eher weich.
Sie wird verkannt und überrannt
und manchmal regelrecht verbannt,
doch ist und bleibt innerlich reich.

Nur das

Was man dir gibt,
weil du es verlangst,
wird durch
dein Fordern entwertet.

Was man dir gibt,
weil du es erwartest,
wird durch
deine Erwartung verwässert.

Nur das,
was du geschenkt bekommst,
aus freien Stücken,
ist wirklich wertvoll.

Geschenke

Das Leben schenkte uns
ein wunderschönes Boot
mit starken bunten Segeln
und einen guten Wind,
der uns befreite,
dem wir vertrauten.

Es schenkte uns
ein Meer voller Liebe
und nahm uns die Angst,
darin zu ertrinken.

Wenn ich du wäre

Wenn ich du wäre,
würde ich mir Freiheit wünschen,
denn in einer Welt
voller sichtbarer und unsichtbarer Fesseln
ist Freiheit eins der wertvollsten Güter.

Wenn ich du wäre,
würde ich mir Liebe wünschen,
denn in einer Welt
voller deutlicher und verborgener Lieblosigkeit
ist Liebe eins der kostbarsten Güter.

Wenn ich du wäre,
würde ich mir die Weisheit wünschen,
Freiheit und Liebe miteinander zu vereinen,
denn sie sind nur an der Oberfläche Gegensätze,
nicht aber in der Tiefe der Seele.

Für die Seele

Laß dich fallen, und du kannst fliegen.
Was du mitnimmst, läßt du liegen.
Voller Flecken ist die Reinheit,
voller Widerspruch die Einheit.

Untrennbar sind Tag und Nacht.
Untrennbar, was weint und lacht.
Eins sind Licht und Dunkelheit,
Zukunft und Vergangenheit.

Für die Seele liegt es auf der Hand.
Überfordert ist nur der Verstand.

Fünf Wünsche

Ich wünsche dir den Mut,
dich zu fragen:
Wer bin ich eigentlich?

Ich wünsche dir die Fähigkeit,
darauf die richtige Antwort zu finden.

Ich wünsche dir die Kraft und den Mut,
so zu leben, wie es deinem Wesen entspricht.

Ich wünsche dir die Entschlossenheit,
deine innere Freiheit zu verteidigen.

Und ich wünsche dir das Glück,
auf deinem Weg durchs Leben
wertvollen Menschen zu begegnen,
die dich inspirieren und dankbar machen.

DER AUTOR

Hans Kruppa lebt als freier Schriftsteller in Bremen und gilt als lyrischer Denker und reflektierter Lebensphilosoph. Seine Gedichte und Märchen, Aphorismen und Kurzgeschichten, Erzählungen und Romane hat er in rund 150 Büchern mit einer Gesamtauflage von über zweieinhalb Millionen Exemplaren veröffentlicht. Mehrere seiner Publikationen erschienen in anderen Sprachen. Für sein schriftstellerisches Werk wurde er mit dem New Yorker Otto-Mainzer-Preis ausgezeichnet.

Mehr Informationen: www.hans-kruppa.de

„Schreiben ist für mich Berufung
und Beruf, Leidenschaft und Abenteuer,
Schaffensfreude und Erkenntnisgewinn,
es ist ein wichtiger Teil meines Lebens und
meiner Lebensqualität. Was mich fasziniert,
betrifft und berührt, was mich vor Fragen
stellt und nach Antworten sucht, fließt früher
oder später in meine Bücher."

HANS KRUPPA